古代歷史文化研究輯刊

二六編

王明蓀 主編

第30冊

炕的歷史和炕文化

李德生 著

國家圖書館出版品預行編目資料

炕的歷史和炕文化／李德生 著 -- 初版 -- 新北市：花木蘭文
化事業有限公司，2021〔民110〕
序 4+ 目 4+180 面；19×26 公分
（古代歷史文化研究輯刊 二六編；第 30 冊）
ISBN 978-986-518-613-5（精裝）
1. 房屋建築 2. 居家設施 3. 文化研究
618   110011836

ISBN-978-986-518-613-5

9 789865 186135

古代歷史文化研究輯刊
二六編　第三十冊   ISBN：978-986-518-613-5

炕的歷史和炕文化

作　　者　李德生
主　　編　王明蓀
總 編 輯　杜潔祥
副總編輯　楊嘉樂
編　　輯　許郁翎、張雅淋、潘玟靜　美術編輯　陳逸婷
出　　版　花木蘭文化事業有限公司
發 行 人　高小娟
聯絡地址　235 新北市中和區中安街七二號十三樓
　　　　　電話：02-2923-1455／傳真：02-2923-1452
網　　址　http://www.huamulan.tw 信箱 service@huamulans.com
印　　刷　普羅文化出版廣告事業
初　　版　2021 年 9 月
全書字數　96851 字
定　　價　二六編 32 冊（精裝）台幣 88,000 元　　　版權所有・請勿翻印

炕的歷史和炕文化

李德生 著

作者簡介

　　李德生，1945 年出生。籍貫北京，現旅居加拿大，係加拿大文化更新研究中心研究員，致力於東方民俗文化和中國戲劇之研究。著有：

　　《煙畫三百六十行》（臺灣漢聲出版公司，2001 年）

　　《老北京的三百六十行》（中國山西古籍出版社，2005 年）

　　《煙畫「四大名著」》（中國百花文藝出版社，2006 年）

　　《丑角》（中國百花文藝出版社，2007 年）

　　《京劇的搖籃──富連城》（中國山西古籍出版社，2008 年）

　　《昔日摩登女郎》（中國江西教育出版社，2010 年）

　　《清宮戲畫》（中國百花文藝出版社，2011 年）

　　《一枝梨花春帶雨──說不完的旗裝戲》（人民日報出版社，2013 年）

　　《粉戲》（臺灣花木蘭文化事業有限公司，2021 年）

　　《血粉戲》（臺灣花木蘭文化事業有限公司，2021 年）

　　《束胸的歷史與禁革》（臺灣花木蘭文化事業有限公司，2021 年）

提　　要

　　中國北方農村的土炕，對於世世代代躬耕壟畝的農民來說，有著難以言喻的深厚感情。但是，沒有人能說清土炕的歷史，更沒人記得它是那位聖人的發明。然而，土炕卻是昔日北方農人的全部。他們可以沒有鹽油吃，沒有燈盞點，沒有像樣的鋪蓋，但不能沒有土炕，沒有土炕的房屋就不成其為家。土炕是農人賴以生存的至寶，他們「生於斯，長於斯，歿於斯」，一生都與土炕打交道。即使是離開了農村，遠遊於千里之外，或是住入城市中的高樓大廈，睡在了舒適的沙發床上，仍然會時不時念及「鄉間的土炕」。

　　作者在文化大革命之後，曾在國家體改委屬下的《中國農村經營報》工作，以記者的身份深入農村調查，東北、山東、冀中、內蒙一帶是經常跑的地方。在與廣大農民、村幹部、文化館員的接觸中，寫下了很多採訪文字，其中，關於「炕」和「炕文化」的研究，亦有一些心得體會，書成此文。

序

李蔭寰

　　閱讀元代大文豪歐陽玄的《圭齋文集》，其中有他模仿「鼓子詞」而作的《漁家傲南詞》十二首，寫得很有意思。其中一首《熏炕》寫道：

> 十月都人家百蓄，霜菘雪韭冰蘆菔。
> 暖炕煤爐香豆熟。
> 燔獐鹿，高昌家賽羊頭福。
> 貂袖豹襖銀鼠襆，美人往來氈車續。
> 花戶油窗通曉旭。
> 回寒燠，梅花一夜開金屋。

　　詞中寫到北方的「暖炕」（熏炕）。在嚴冬時節，北方居室在「暖炕」的煨烘下，趨寒迎熱，溫暖如春。竟然能使「梅花一夜開金屋」，暗香浮動，枝舒花燦。「暖炕」給人們帶來的歡悅，活靈活現地躍然紙上。

　　歐陽玄，字原功，號圭齋，係南宋歐陽修的族裔。元延二年（1315）中進士，在元大都（北京）為官四十餘年，對北方的市井習俗瞭如指掌。這首《漁家傲》是古代詩人最早描寫北方火炕的詩歌之一。

　　到了明清時代，描寫火炕的詩詞開始多了起來，譬如，嘉慶年間刊行的《燕臺口號》，就刊有無名氏寫的「土炕」一首：

> 毳康飯灶事堪師，土炕燒來暖可知。
> 睡覺也須防炙背，積薪抱火始燃時。

道光時代的詩人樊彬，也有《土炕》詩：

> 莫以牙床耀錦茵，聊依炕暖便安身。
> 土階土儉風猶古，泥壁分材制亦新。

如果有心人再仔細地搜集一下，我想關於歌詠火炕方面的詩文，一定還能找出一些。但是，古代的典籍對北方火炕的起始源由、來龍去脈，以及它的構建、功能方面的研究文字，依然少得可憐。可能「土炕」被司空見慣、過於卑微，上等的文化人不屑為之浪費筆墨，所以，無有一篇系統的文字來描寫它。唯有近代學人徐珂曾在《清稗類鈔》中寫有《北人尚炕》一文，較為詳細地寫了北方的火炕。他寫道：

> 北方居民室中皆有大炕。入門脫履而登，跮坐於炕，夜則去之，即以薦臥具。炕之為用，不知其所由起也，東起泰岱、沿北緯三十七度，漸迤而南，越衡漳，抵汾晉，逾涇洛，西出隴阪，凡此地帶以北，富貴貧賤之寢處，無不用炕者。其制：和土雜磚石為之，幅寬五六尺，三面連牆，緊依南牖之下，以取光；前通坎道，以炙炭取暖。若貧家，則於旁端為灶，既炊食，即烘炕，老幼男婦聚處其上。

應該說，這是一篇研究北方土炕和炕文化的文章，只可惜過於簡約了一些。

筆者今年八十八歲了，自幼生長在北方農村，河北省青縣八里莊是我的老家。據《青縣李氏家譜》記載，祖上自南方遷來，在此勞作繁衍三十餘代，子孫大多世代務農，躬耕壟畝，與斯地斯土有著深厚的感情。但沒有人能說清楚，農村家家都有的土炕歷史，更沒人記得它是那位聖人的發明。但是，土炕卻是農人的全部，農人可以沒有鹽油吃，沒有燈盞點，沒有像樣的鋪蓋卷，但不能沒有土炕，沒有土炕的房屋就不成其為家。土炕是農人賴以生存的至寶，他們「生於斯，長於斯，歿於斯」，一生都與土炕打交道。即使是離開了農村，遠遊於千里之外，或是住入城市中的高樓大廈，或是睡在了舒適的沙發床上，時不時仍然會念及「鄉間的土炕」。

農村的炕是用磚石、土坯、泥灰砌築的「床」，但比「床」要大得多。炕的建設是就地取材，內砌兩三條煙道，連通灶膛和煙囪，煙道上鋪蓋土坯，炕面上用膠泥抹平。寬寬大大，坐臥方便。晚間睡一大家子人也綽綽有餘。老老小小躺在一起，其樂融融，共同享受著灶火餘燼所給予的溫馨。炕的氣息是煙火的氣息、泥土的氣息，人睡在上面，彷彿就和大自然緊緊地貼在一起。炕是踏實的，睡在炕上的人也就更覺得舒服踏實。

農村的土炕包涵著豐富的文化內涵。它孕育了數千年的黃土文明，以

「炕」承載了世世代代北方人民的生息繁衍、悲歡離合、播種與收穫，起落與衰興。任何一盤土炕都裝載了無數感人的故事，它既是千家萬戶旅渡人生的航船，同時，也是社會不斷進步的一座搖籃。

今天，隨著社會的發展，農村生活發生了翻天覆地的變化，不少地方的土炕已被拆除，舊日的戀土逐漸消失，附之其上的民俗文化多已潛移默化，從人們的視野中悄然淡出。本書的作者李德生做了一件有益的事情，他對北方農村的炕進行了較為深入的調查研究，用了大量的圖片和採訪筆記，深入淺出地勾畫出了「炕」與「炕文化」的輪廓，從一個嶄新的角度彌補了關於北方民俗和民居研究的空白。

畫家尚爾立先生為此書繪製了許多插圖，做為圖解，也為此書增色不少。

作者希望我為此書寫篇序。閱後有感，隨手寫得此文。

九十健翁　李蔭寰　寫於北京右安門外寓中

上圖為清代楊柳青年畫《新年多吉慶闔家樂安然》，繪的是北方一戶中等人家過年時的熱鬧情景。圖中為典型的「一明兩暗」格局的北方民居，東西兩室靠窗處各置一盤「半間炕」，婦媼兒童在炕上盤坐，或幹活兒、或遊戲，炕側各有一座灶臺與炕相連。

清代楊柳青年畫《共和新年肥豬拱門》，圖中所繪北方中等人家過年時的情景。圖中為典型的「一明兩暗」格局的北方民居，東西兩室靠窗處各置一盤「半間炕」，男人和兒童在炕上打牌遊戲，女人在炕上包餃子、做吃食，炕側灶臺的大鍋裡正在煮著年餃子，一片歡樂氣象。

目

次

一、炕的起源

炕

「炕」字在中文詞彙中有多種解釋。如果按動詞解釋，音 hāng，是「張開」的意思。《爾雅》中有「守宮槐，葉晝聶宵炕（hāng）」之說。

如果把「炕」字讀成 kàng，就是「烘乾」的意思。《廣雅》稱：「炕」即「曝也」。《詩經》也有「炕火曰炙」之說。譬如今日北方人說：「褥子濕了，鋪在炕上炕一炕」，也就是說：「拿過來烘乾」的意思。

同是這個「炕」字，如果作為名詞用，便與「匟」字相同，讀 kàng。專指「我國北方住宅裏用磚或土坯砌成的，上面鋪席，下有孔道和煙囪相通，可以燒火取暖的床」。我們在本書裏，就著重研究這個北方農村家家戶戶使用的、可以燒火取暖的炕。

古代的「炕」字同「坑」。《舊唐書》的《東夷》篇說：高麗「其俗貧窶者多，冬月皆作長坑，下燃熅火以取暖」。文中所記的「坑」，就是「炕」，這兩字在唐、宋時期一度是通用的。後來，「坑」與「炕」不再通用了，這也正說明了「炕」在民間使用的普及程度提高了，實用性能也更加專一了。「坑」字，是指從地面往下挖，挖成大小深淺不同的凹型體。這種大小深淺不同的凹型體，如果用來蓄水，叫水坑；用來植樹，則叫樹坑。而「炕」則是用磚土從地面往上堆砌成的，可以睡人也可以置物的檯子。「炕」字從「火」，說明它可以點火取暖。

中華（香港）書局出版的《圖說漢字密碼》一書，從文字演變的角度解釋了「炕」字的演變。古「亢」字與「炕」字通，寫法如同在一個搭起的平臺上，

平躺著一個正在休息的人。圖畫生動，質樸可愛。另一個「炕」字就複雜多了，平臺的下面不僅有炕洞，炕洞下還有一隻手正在點火，無一遺漏地寫出了火炕的特點。還有一個「炕」字，是把人的手省略去了，只留下平臺、炕洞、火和炕上的人。到了漢代隸書出現時，「火」就成了偏旁，放在了「炕」字的左邊。

古文字中的「亢」和「炕」

在農耕社會形成之前，先民以狩獵為生，過著茹毛飲血的群居生活。他們的棲身之所，多是在天然洞穴之內以躲避風雨。在寒冷的冬季，先民是以山間的茅草和野獸的皮毛來遮體禦寒的。睡覺時，是以「洞為帳幔地為床，野草皮毛當被褥」。在北京房山周口店猿人博物館的「洞穴」中，儘管發現了有用火燻烤食物的「餘燼」，但是，並沒有發現有「用火炙炕」的痕跡。說明上古的「北京人」時代的人還沒有開化，睡覺用的炕還沒有發明。

隨著人的進化，它們開始學會在沒有天然洞穴的地方挖地掘穴，架木搭棚、席地穴居。為防潮濕或寒冷，覺得坐臥在離地稍高一些的土臺或石臺上更舒坦一些。從人體結構學來推斷，坐臥在齊膝高的位置上，正好適於下肢的屈伸和體力的恢復。於是，這類自然的「臺」或是人為搭建的土臺、石臺就成了炕的雛形。

如果從人類進化史的角度來分析「炕」的出現，它是與人類性行為的改變密切相關的。人類的祖先從類人猿的漸變過程中，猿的前爪漸變為靈活的手，使人類進入了勞動和創造的階段。而在勞動和創造的實踐中，它們不斷改善著自身的體型、體魄和體力，人體結構變得高度靈活和柔韌，逐漸形成了原始人的體形。他們從四肢著地的爬行演變為直立行走，他們的生殖系統也從體後位演變成中心地位。從而，引發了人類性行為的大革命。

靈長類動物的性交姿勢，是雌性馬趴在地上，上翹臀部，雄性居其後，生殖器是由後方插入，進行「後入位」性交。而猿人直立行走以後，由於體態上的變革，開始採用與動物完全不同的性交方式，從「後入位」改為「前入

位」，面對面的性交姿式。根據唐娜希爾在《人類性愛史話》的研究，人類沿襲靈長類動物的「後入位」性交姿勢時，男人只能看到女人的背面，只能感受到女性豐滿的臀部和性具帶給他的滿足；女性則什麼也看不見，完全處於被動狀態。當性交姿勢改為「前入位」的時候，「男人對臀部的熱情就慢慢轉移到女性富有彈性的腹部、乳房和顏面上面去了。」女性對男性強有力的雙臂、豐健的胸部和腹部產生了性的熱情。同時，男女在性交時，面部神態變化和口中發出的聲音，也開始顯出它的重要性。而且，「前入位」的姿勢充分發揮了人類雙手的技巧，男女雙方把性的愛撫、觸摸和戲弄，變得充滿詩情畫意和風流浪漫。使得動物本能的交配，變為人類獨有的「愛的藝術」。這種可以相互審視、刺激、對呵、交流的性行為，進一步促使男女身體構造的巨變，女性肢體曲線更加豐富，乳房的發育更加成熟；男性的肢體更為強壯，生殖器具亦變得粗壯且更有衝擊性。性行為的千姿百態和繪聲繪色，也促進了男女大腦皮層的發展和中樞神經的敏感，促進了語言的產生。

由於人類「前入位」性交姿勢的出現，勢必以借助土臺、石臺之類的地勢，行之更為方便、更為有趣，這也是早期「炕」的產生的一種原動力。

另一方面，先民們從用火燒烤食食物的方法中，也得到了豐富的啟示。尤其在北方寒帶地區，人們逐步發明了燒炕取暖的生存方式。逐步把炕與灶臺連接起來，共同使用。這樣，一堆火即能煮食，煙爐又可取暖，日久天長就出現了火炕。這種火炕既節約熱能，又改善了居住環境，同時也方便了人類的性交和休憩，一舉多得，寧不發展乎！

在我國古代文獻中，很早就有了關於這種近乎於火炕的描述，例如《詩經·小雅》有「炕火曰炙」；《左傳》有「宋寺人柳熾炭於位，（宋元公）將至則去之」；《新序》則有衛靈公「衣狐裘、坐熊席，隩隅有灶」等語句。但是，諸如「熾炭於位」、「隩隅有灶」等文字寫得都很含糊，且不具體，只能推論它們近似乎火炕，但不能確切地斷言，彼時就已經有了火炕。

其實勿庸推論，「火炕」是居於我國東北嚴寒地帶的通古斯人的發明。所謂通古斯人，指的是我國的蒙古族、韃靼、滿族、赫哲族、錫伯族和鄂溫克人的泛稱，也就是古代的金人、女真人。由於，他們生活在極端惡劣的環境中，種族的生存和延續的強烈願望，迫使他們最先學會在嚴寒的風雪之中珍惜火種、節約能源、善用餘燼，保溫禦寒的全套本領。「鑿穴以居」、「熾炕而眠」，便成為他們冬日生活的必需。

在近代考古發現中，這是一座距今一千五、六百年前的唐代關外的火炕遺痕。這種火炕是由火道、煙囪、石板組成。地面上分布有柱洞、石板搭蓋的炕面。煙囪在火炕東北角，圓桶形，底與火道相通。

上圖為河北文物研究所在崇禮市頭道營村發現的唐代半地式建築房基，內有一座東西向的火炕。火道和煙囪就地挖成，底面與房基屋面相平。火道共三條，每條寬 0.2 米，深 0.25 米，間距 0.2 米左右。

近代考古發現的黑龍江省東寧縣團結村古代女真人的遺址中，就有一種簡單的火炕。它的規格不大，炕下邊有一個很狹窄的單洞火道。顯然是一座穴居狀態下「可以燒火取暖的炕」。距現在已有一千五、六百年的歷史。《隋書‧靺鞨傳》曾有記載：女真人「鑿穴以居，開口向上，以梯出入。」這種房子有點類似於農家冬季用來儲菜儲物而挖的地窖，雖然出入不便，但相當怯寒保暖。在漫長的冬季，為了取暖和節省燃料，古代女真人家族的男女成員擠在一個個穴居的暖炕上，以最大面積的脊背、臀部去享受火炕的溫熱。

正是這些男女緊緊躺在一起的姿勢、火炕的溫熱、以及難以排遣的漫漫長夜，成就了放縱性愛的溫床。冬季狩獵和農業活動的中止，鮮活的生命龜縮在密閉幽暗的室內。在寒冷的黑夜，除了睡夢，「性」和「造人」便成了唯一的生活主題。大炕下燃燒著的炙熱的焰火，炕上的人肉廝連，燃燒著欲望的火焰。火炕把人引向性愛的天堂。越過無邊的黑暗，在火炕的鼎力贊助下，女真人積極地生育繁殖。現代人口史學的研究成果證明，在金代（公元1115～1234年）女真人人口劇烈膨脹。為了生存，大自然逼迫女真人學習畜牧、耕作、狩獵，以擴大肉食和糧食的來源。即便如此，仍然無法滿足人口增長的巨大需求，最終發動侵略，向大宋帝國挑戰，掠奪漢人的土地、財產和子女玉帛，佔領了山西、河北和北京地區。遂將「火炕」也帶入中原地區，並展開大規模的人口殖民。

火炕模式向南方的傳播，漸為漢族接受，並成為北方農民的舒適溫暖臥榻。隨之，中國人口又出現了第二次急劇膨脹。明代末年，滿族人亦鐵馬金戈地入主中原，進一步使關外的「火炕」和「炕文化」堂而皇之地進入中原，登堂入室、融入百家。在這兩件歷史事實之間，有一種被人忽視了的神秘邏輯。在某種意義上說，彼時中國成為全球最多的人口大國的部分原因，是與火炕的發明與擴散有一定的關聯。火炕的南侵與普及是華夏族群的奇妙搖籃，也是造就人口繁盛的一種孵化器。

地窨子炕

前邊所談，《隋書》《靺鞨傳》和《大金國志》記載：北方女真人都住在半地下室式的「地窨子」裏。這種「地窨子」中有一個重要的組成部分，那就是一個大「土炕」，人們「穿土為床，熅火其下，而寢食起居其上」。正如顧炎武在《日知錄》中所說：「北人以土為床，而空其下以發火，謂之炕。」

　　這種出入全憑蹬梯子上下的穴室裏，中央設有篝火式的爐灶，灶膛的煙道與炕的煙道相連，灶膛中柴火的煙氣從炕下的煙道通過，再從室外的煙囪冒出去。這樣，爐灶不僅能做飯，餘熱還可以取暖和室內的防潮，明確地顯示出主人的聰明才智。這種獨特的居室結構，至今仍有實物見證。例如，而今大興安嶺林區的工人、獵戶，冬天在野外作業時，臨時暫住的「地窨子」依然十分實用。

《北盟會編》所載：關東民眾「其俗依山谷而居，聯木為棚屋，高數尺、無瓦，覆以木板或樺樹皮或以草綢繆之，牆垣籬壁率皆以木，門皆東南向」，如圖所攝，這就是所謂的「地窨子」。

此圖是今人為開發旅遊事業開辦的鄂倫春人地窨子賓館的內景。基本結構與舊日建築近似。

　　《北盟會編》所載：關東民眾「其俗依山谷而居，聯木為棚屋，高數尺、無瓦，覆以木板或樺樹皮或以草綢繆之，牆垣籬壁率皆以木，門皆東南向」，這就是所謂的「地窨子」。人們在地上挖一個一米多深的長方形大坑。在坑沿上方壘半米多高的矮牆，再蓋上棚子。裏面搭上火炕，壘上鍋臺。一家老小住在炕上，就足以抵禦漫長的寒冬。後來，人們把這種「地窨子炕」發展到地面建造的房屋中去，與大灶相連，三面接牆，一面臨室，供人上下坐臥，休養生息，從而形成了一個相對獨立的生活空間。追根求源，「炕」，是居住在寒帶的先人們的一項十分重要的發明。

　　《遼瀋晚報》記者李輝在 2008 年 6 月 6 日報導，繼發現夏家店下層文化大型聚落遺址後，考古工作者又在西三家村範圍內發現一處遼金時期居民遺址。遺址中發現大量精巧的「地窨子炕」。該遺址距離西三家夏家店下層文化大型聚落遺址約 300 米，位於一處山坡上，為一處半地穴式古代民居遺址。

　　該遺址發掘面積在 400 平方米左右。遺址內分布數十個遼金時期居民房址。這些房址內均有用泥土、瓦片夯砌而成的煙道。據考證，該遺址距今約 900 多年，為遼金時期遺址。雖未發現其他有價值文物，但出土的這些火炕，引起考古工作者的興趣。這些火炕設計精巧，煙道布置合理；覆蓋煙道之上的為若干平滑石板。最大的一個火炕遺跡，若完全復原後可以並排平躺 4 個成年人。

　　因為炕的結構合理、經濟實用，隨著人類南北的遷徙往來，北方寒帶的炕，便逐步地向關內、中原、晉北一帶發展並普及開來。火炕的出現，使得北方各個民族有著大體相同的生活方式。迄今，東北地區、黃河以北以及黃土高原廣大地區的人們，依然還都使用著火炕。

　　《河北日報》2007 年 11 月 27 日報導，河北省文物研究所為配合南水北調工程建設，曾對徐水縣東黑山遺址進行了搶救性發掘。其中，發現了古代小城址一座，出土了大量陶器，並發掘出看似漢末時期的房子及土炕。每間房子中，大多數都建有火炕，火炕和灶相連，煙道有兩條或三條。凡是兩條煙道的炕，建築年代就比較早，凡是修有三條煙道的炕，建築年代就比較晚。炕的長度一般為 3 米，寬度則為 1.5 米。這一發現為研究當時的經濟生活形式提供了實物資料。

2007 年，河北省文物研究所在徐水是東黑山村的漢代遺址中，曾
發掘出 11 座與灶相連的火炕。應為我國發現最早的火炕之一。

土炕

　　近代鄉鎮農村中的農家炕，儘管因地域、風俗的不同，顯得多種多樣、
五花八門，但炕的基本結構並沒有改變，只是更科學更講究了。這些炕有
的與灶臺相連，有的相對獨立，另設炕洞。炕中煙道或為多組弓字型、迂
迴彎曲型、或為梅花式、分鐘式，為了供熱充份，建造者更是八仙過海，各顯
其能。

　　舊日，炕在北方是尋常可見之物，儘管貧富不同、環境各異，對炕的裝
飾、使用各不相同。但從「一間房子半間炕」的這句相傳經年的俗語中，足可
以看到「炕」在任何一個家庭中所佔有的、不可替代的份量。

　　貧窮人家的炕，用土石壘砌，並不多作裝修，但也盡其可能地清潔美化。

　　富裕人家則在炕沿、炕面、炕裙、炕圍子上給予精細的粉飾加工。炕沿
子選用上等好木料，精細打磨，刷墨淋油。炕面要用地地道道的膠土、加漿
細澄，桐油罩面、古色古香。炕火一燃，炕給人們帶來的溫暖和舒適，使嚴寒
的冬日瞬間變為明媚的春天。

以上兩圖為北方農村普通人家的炕及炕的陳設。

宋代大詩人范成大每次仰臥在熱炕上歇息的時候，都不厭其煩地吟誦著自己得意的詩句：「穩作被炕如臥炕，厚敦載棉旋披毯」（引自《石湖集》《丙午新正書懷》），其悠然自得的神態，躍然詩韻之上。明魏禧在《大鐵椎傳》中也生動地描述著躺在炕上休息的客人說：「鼾睡炕上矣。」足證宋元時期，北方人使用火炕的習慣早已普及開來了。

對於平民來說，每天日落西山，夜幕升起之時，奔波了一整天的農夫工匠、販夫走卒，能舒舒服服躺在土炕上，望著自己的老婆，摟著自己的兒子，抽上一口旱煙，品得一口釅茶，再吭吭兩句小曲兒。此時，他身下的土炕就好似通了人性一般，溫柔地為他撫摸著每一片疲乏了的肌肉，按摩著他的每一個關節，不覺得周身通泰，恍如神仙。其中的幸福、愉快，怎一個「美」字兒了得。「三十畝地一頭牛，老婆孩子熱炕頭」，這句被上億農民世世代代吟誦的諺語，就這樣一直傳唱了千年之久。

當然，南方氣溫高濕度大的地區，人們需要的是乾爽涼快。所以就沒有出現火「炕」的歷史，他們發明了可以移動的床和榻，這乃是地域條件所造成的因果，本書暫不涉及這一方面。

石炕

說起源自東北寒冷地區使用的火炕，是怎麼傳入關內來的呢？除了女真人南侵的原因之外，能夠詳細說明這一過程的證據並不多。但是，北京延慶縣卻存著一處無可爭辯的實證，那就是著名的古代人類生活遺跡——古崖居。

在北京延慶縣八達嶺長城的北面，有一條東西走向的山脈，人稱軍都山。沿著山溝往裏走上一陣子，就會看到一座大「衙門」，這個所謂的「衙

門」裏邊，修有很多石頭房子。這些石頭房子都是開鑿在懸崖陡壁上，從來沒有人住過，當地人不知道它的來歷，就管它叫作「鬼衙門」。

北京延慶縣八達嶺長城的北面軍都山上有個「鬼衙門」，裏邊修有很多石頭房子。這些石頭房子都是開鑿在懸崖陡壁上，如今成了一個著名的旅遊景點兒。

1984 年，文物部門派人到此調查。他們在山崖上，看到了如此規模龐大、排列得整整齊齊的洞室，數了數，一共有一百四十多間。其中有單間的，有裏外套間的，甚至還有上下相通的複式結構。石屋裏面幾乎什麼也沒留下，牆壁上只有鑿痕，沒有文字或圖畫，門窗也只是一個個空洞。能使人產生聯想的，並且能夠斷言有人居住過的證據，只剩下石室內的一座座無聲的石炕了。

這些石炕的長度很不一致，大多數的寬度都在一米六、七左右。喜愛古詩的人一見到這些石炕，就會聯想起蘇東坡登雲龍山時所見到的石床。那時，他神情歡愉地往石床上邊一躺，面對青天白雲、重巒疊樹，詩興大發：

> 醉中走上黃茅崗，滿崗亂石如群羊。
> 崗頭醉倒石作床。仰看白雲天茫茫。
> 歌聲清谷秋風長，路人舉首東南望。
> 拍手大笑使君狂。（蘇軾《登雲龍山》詩）

不過，這裡的石炕比黃茅崗上的石床設計得要巧妙得多。這裡的石炕，炕內鑿有許多彎彎曲曲的煙道，如果在炕上搭好石板，在煙道裡點上柴火，煙氣會由灶臺順著鑿出的煙道穿過，最後由鑿在牆壁上的排煙孔排出去。顯然這是一盤盤既能做飯又能取暖，可以充分利用熱能的火炕。

這些火炕，證明昔日有部族在這裡生活起居。後來經中國社會科學院歷史所研究員王玲考證，這裡確實生活過一支來自東北的游牧民族，這個民族稱為「奚」。正是他們在內遷的時候，把塞外的火炕推廣到關內。

雲龍山西麓峭壁下一座天然巨石，刻有「石床」二字。石高 1.75 米，長 3.30 米，寬 1.30 米。上面刻有蘇軾《登雲龍山》詩，跋文有：「元豐元年（1078 年）九月十九日張天驥、蘇軾、顏復、王鞏始登此山」22 字就是著名的東坡石床。這種石床與古崖居的石床不盡相同，但從形制上則是一脈相承的。

此圖為古崖居石室的內景，左側為石炕。

　　據古籍記載，奚族本身有著悠久的歷史，殷墟甲骨文中就有關於「奚」的卜辭。不過，在漢人的眼中，「奚」都是奴隸。《秋官・禁暴氏》稱：「凡奚隸聚而出入者，則司牧之，戮其犯禁者」。大意是說：「如有奚族奴隸群聚出入，就要指使差役去糾察他們」，防止他們違法叛亂。

　　南北朝時期，奚人稱為庫莫奚，屬於鮮卑族中的一支，分布在如今的內蒙古東部和嫩江洮兒河一帶。唐朝末年，契丹強盛，奚族舉部役屬契丹。後來，因為不堪契丹苛虐的統治，奚人的酋長去諸帶領部分民眾南遷，歸附了唐朝。唐朝政府准許他們遷到保嬀州的北山居住。唐代的保嬀州就是今日北京的延慶。前邊所說的古崖居石室，就是奚族部落的傑作。他們發明的比較先進的炕，也就隨之南遷而至的。

　　據《遼史·本紀第一》記載：唐天祐三年（906），遼太祖阿保機攻打幽州，唐朝幽州刺史抵抗不利。在武力的高壓下，遼軍又把在這裡居住了三十年之久的奚人，通通地押回了東北。就這樣，除了這片石屋之外，他們還留下來一份造福北方人民的遺產——石鑿火炕。

古崖居的石鑿火炕結構很精細，炕下鑿有一排排的煙道，煙道與通往居室外的煙囪相接，有著很暢快的排煙系統，與舊日民居火炕無異，為抗禦寒冬起著無可替代的作用。

　　這一物證並不是說，北方地區普遍使用火炕，都是從奚人的古崖居開始的，但至少可以認為，在人類文明史上，特別是北京地區，地處農耕與草原民族交匯的前沿，這些石鑿「火炕」，對改進北方民居的取暖，起著示範和推廣的作用。

　　這種製作簡便、經濟實惠的火炕，自然很容易傳播。華北廣大地區的人們用黃土、磚石砌炕，採用的都是同一原理。從文獻中查找，至少到了金代，

山西一帶已經普遍使用火炕了。

火炕

那麼，古代酋長、權貴和「王」一類人的火炕，又是什麼樣子呢？因為他們有權力，而且「富甲天下」，他們的火炕可就很講究了。有文獻記載：金初皇帝的殿宇，已是「繞壁盡置火炕，平居無事則鎖之。或開之，則與臣下雜坐之於炕。」北宋時期，朝廷為了修好，曾派使臣到上京會寧府祝賀大金皇帝登基。使節許亢宗在《宣和乙巳奉使行程錄》中，對當時金國火炕的描述十分詳細。他說：「館帷茅舍數十間，牆壁全密，堂室如帷幕，被榻皆土床，鋪厚氈褥及錦緞貂皮被、大枕頭等」，十分奢華。金太祖完顏阿骨打曾經在這種火炕上，招待北宋派來的使臣。

隨行的武官馬擴在他寫的《茅齋自敘》中，更為生動的記載了當時飲宴的情況，他說：「遇阿骨打聚諸酋其食，則於炕上用矮檯子或木盤相接。」「凌晨出館赴帳前，近五里，阿骨打與其妻大夫人者，於炕上設金裝交椅二副並坐。阿骨打二妻皆稱夫人。飲畢，阿骨打親酌二杯酬南使。」可見，當時金國舉行盛大的招待會，宴飲待客，均離不開火炕。

關外金國的權貴們如此利用和享受火炕帶來的幸福和溫暖，很快也為關內人接受，並且被「引進」關內，只是排場與奢華的程度不一樣而已。宋代大詞人元好問在他所著的《中州集》中，記錄了南宋官員朱弁寫的一首《炕寢三十韻》，可以說是一首古代文化人最早歌詠火炕的詩。因為它是一篇難得的研究火炕的資料，故全文錄將下來。詩中寫道：

> 風土南北殊，習尚非一躅。出疆雖仗節，入國暫同俗。
> 淹留歲再殘，朔雪滿崖谷。禦冬貂裘弊，一炕且跧伏。
> 西山石為薪，黝色驚射目。方熾絕可邇，將盡還自續。
> 飛飛湧玄雲，焰焰積紅玉。稍疑雷出地，又似風薄木。
> 誰容鼠棲冰，信是龍銜燭。陽曦助喘息，未害搖空腹。
> 惠氣生袴襦，仍工展拳足。豈惟脫膚鱗，兼復平體粟。
> 負暄那用詫，執熱定思沃。收功在歲寒，較德比時燠。
> 雖餘炙手熖，寧有爛額酷。翛當凝沍辰，炎帝獨回轂。
> 玄冥真退聽，祝融端可錄。嗟予亦何者，萬里歌黃鵠。
> 偃仰對蔥扉，妍煖謝衾褥。壯懷羞灶媚，晚悟笑突曲。

因思墮指人，暴露苦鞍瘯。頻年未解甲，蹈此鋒刃毒。

遙知革輅中，旰食安豆粥。陪臣將命來，意懇誠亦篤。

有奇不能吐，何術止南牧。君心想更切，臣罪何由贖。

此身雖自溫，此志轉煩促。論武貴止戈，天必從人慾。

安得四海春，永作蒼生福。聊擬少陵翁，秋風賦茅屋。

朱弁本來是一個南方人，曾任吉州團練使。天會六年（1128）他被朝廷派遣出使金朝，去做和平友好的工作。金朝看他相貌不俗、儀表堂堂，而且語言通便，就留他做了金國的地方官。他思念故國，戀土心切，千方百計想回南朝，但金國不允。他就想了個自殘的辦法，用錐子把自己雙目刺傷，藉此託疾辭官。金朝一見實在挽留不住他，才放他回歸故園。這樣，他在山西雲朔一帶滯留了二十多年，對火炕的溫馨有一種發自肺腑的依戀。所以，一口氣寫下三十韻的長詩來歌誦這一佳物。他說「因為去過金國，對那裡的習俗也就習慣了。尤其在冬天下大雪，奇冷無比的時候，連貂皮衣服也不能禦寒。但是，當他一躺在火炕上，全身暖洋洋的賽過活神仙。」

朱弁先生在詩中說：「禦冬貂裘弊」，是講一到嚴冬，連貴重的皮毛——貂裘都不保暖了。他為什麼不提用「棉衣」、「棉被」禦寒呢？因為，那時還沒有棉花，當然更沒有「棉衣」、「棉被」了。這裡，我們順便說一說古代人的衣著服用的禦寒問題。

大家知道，我國是發明蠶絲製品的鼻祖。依古代傳說，養蠶製絲是我們的老祖宗黃帝的太太——嫘祖的發明，她是西陵氏之女，在西周時代已奉之為「先蠶」之神而尊享著人們的祭祀。考古工作者在浙江吳興錢山漾新石器時代遺址下面，發現距今三千年前先民拈製的蠶絲線、蠶絲條。足以說明蠶絲在我國發明、利用之早，它可以織有綢緞，或掮成絲膽用來衣著服用，取暖禦寒。但是，蠶絲的出產必然太少了，皇帝、皇后、大老倌用得起，平民百姓可就與之無緣了。故而古人有「七十而絲」的規定。而「人生七十古來稀」，老百姓勞苦一生，能活到七十而不死的少之又少，所以，根本談不上能用蠶絲製品來禦寒。

那時，人們都穿什麼呢？「唧唧復唧唧，木蘭當戶織」，又是織的什麼呢？很簡單，織的是麻，人們服用的都是麻布。這種麻布又粗又硬，織成後，要在水中反覆漂洗，在砧石上用木棒反覆敲打，才能變得柔軟適用。我們從古詩中常常讀到「寒砧」二字，「寒砧」並不是在洗衣，而是在捶布。這類麻

製物只適用於遮體，而並不能禦寒。儘管多穿，多鋪、多蓋，也難敵寒侵。難怪杜甫在睡覺時總嘟囔：「布褥多年冷如鐵，嬌兒惡臥踏裏裂」了。一到冬季，麻衣、麻被、麻褥子都不擋寒，只能用動物的皮毛和烤火來取暖。因之，更增強了人們在冬季對火炕的依戀。

我國原本不出產棉花，棉花產地在南洋諸國和西域新疆。柔軟而富有彈性的棉花，對中原帝國說來是稀世的珍寶。據古籍所載，三國時期，曹操有一床不知從何處獲得的棉被，一直視為奇物，隨著他南北征戰，破了又補，補了又破，總捨不得丟棄，曹太太反覆為之補綴。《元史》中也記載了元世祖有一件棉袍，穿在身上如「火龍衣」一樣，既輕又暖，穿上就不想脫，日久天長，多處都被磨破，依然穿著它上朝。可以說直到南宋時期，棉花、棉布一直被視為貴重物品。

到了宋代末年，閩、粵一些地區剛開始有人從海南引種了棉花。宋朝滅亡後，棉花種子才傳至浙江、江西、湖廣等地。元代時期，又有人從新疆吐魯番一帶引進棉種在陝西試種，但種植面積都很小。真正促成棉花在全國大規模種植，是從明朝開始的。開國皇帝朱元璋看準了棉花的經濟價值和它對改進國計民生的重要意義，便利用手中的權力，大力推廣種植棉花。史載龍鳳五年，朱元璋就命令農民，凡有田十畝的，必須用一畝地種棉花，多種者，多給獎勵，不種者，則給予嚴厲的懲罰。他統一了天下後，更是全力督種，配合一系列政令措施，把種棉運動一直推廣到黃河以北。加之，松江烏泥涇的黃道婆從海南引進了彈花、織布等先進技術的迅速推廣。紡紗織布成為全國婦女的日常勞作。很快，連平民百姓十之八、九都穿上了棉服胖祆，十幾年間，棉花便「衣被天下」。彼時，人們睡覺的時候，在炕上鋪上棉褥，再蓋上棉被，那可真的暖和多了。如果再往炕膛裏添上一把火，那真是如同上了天堂一般。任窗外風吹雪打，躺在炕上，一手摟著老婆，一手攬著兒子，天老大，我老二，高枕無憂，還怕什麼！

到了明、清兩代，民間火炕經過在使用中的不斷改進，也有了很大的進步，它已經不再是單單的「熾火其下」，而是與灶臺更緊密的相連，灶坑裏的煙火直通炕洞，與現代的火炕更加近似。炕的鋪設也頗多講究，貧者用蘆席，富者再加毛氈。特別是清代的皇宮裏，雖不乏龍床鳳榻，火炕亦是不可或缺的，唯鋪設更加奢華了。如今我們到瀋陽的故宮和北京紫禁城內參觀，仍能見到頗具「皇家氣概」的大火炕。

二、炕的種類

　　我國地域廣大、民族眾多，居住條件和生活環境各異。北方地區的廣大農村儘管都使用火炕，但是，炕的形制、大小、高矮各有不同。大致可分為窯炕、半間炕、整炕、長炕、靠山炕、對頭炕、萬字炕、朝鮮炕、盤龍炕等幾種類型。筆者因長期生活在城市中，儘管年青時也走南闖北，上至黑河、下至海南，東至膠東、西至內蒙，鄉鎮農村的炕也見過不少，但必竟深入不夠，不能更詳細地分類描述。只能大致上給予說明，不到之處，還望專家教正。

窯炕

　　北方的火炕多種多樣，山西、陝西黃土高原一帶的窯炕，只是其中的一種。

　　我國黃土高原一帶農民的居處，大多是一孔孔的窯洞。這些窯洞一般都修在朝南的山坡上，靠山，向陽，面朝容易走水的開闊地帶，少有樹木遮擋。居者窯前，大多是男耕女織、翁媼弄孫，鳥雀聒噪，雞鳴犬吠，貓兒叫春，母豬拱食，顯出一片安逸祥和、充滿生機的景象。

　　院中窯洞一般修成三孔或五孔，中窯為正窯，有的還分前窯和後窯。有的窯一進三開，從外面看來，各孔窯各開門戶，走到裏面就會發現，窯內互相連接，彼此串通，很是寬敞。當然，像傳統戲中描述的王寶釧「苦守十八年」，住的那種「破瓦寒窯」也是有的，那都是「爛窯」，基本上無人居住，多是被人遺棄或是用來存放廢物的地方。

我國黃土高原一帶農民居住窯洞，一般都修在朝南的山坡上，靠山，向陽，面朝窄易於走水的開闊地帶。窯前大多是男耕女織、翁嫗弄孫，鳥雀聒噪，顯出一片安逸祥和、充滿生機。

以上幾張照片是窯洞的內景，不同式樣的炕佔據著窯內的主要位置。

　　住人的窯壁都是用石灰抹成白色，顯得分外乾爽亮堂。在窯洞縱深靠牆處有一個大炕，當地人稱之為「撐炕」。也有的人家把炕修在靠窗的地方，這種炕，稱為前炕。炕的一頭都連著一個三孔灶臺，平時就在這裡燒火做飯。灶火的煙道通過炕底，煙氣從通往窯外的煙囪中出去。所以，冬天的窯炕十分暖和。

　　窯炕和鍋臺的高矮寬窄都有固定的尺寸，俗謂「尺八的鍋臺二尺的炕、六尺的漢子腳蹬牆」。而炕的長度則是「撐炕一扇牆，前炕八尺長；娘們橫豎躺，都能日他娘」（陝北土謠）。

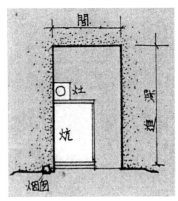

這是陝北窯洞內的一種靠窗戶的窯炕。這類炕是設在裏間窯內，即向陽又亮堂，別有情趣。（尚爾立繪）

　　窯炕有一個特點，是外高內矮，約有二、三寸的差別。窯炕既大而牢，外高內低，呈斜坡狀。上炕躺下，頭高腳低，特別舒服。有句鄉間的謎語說道：「一個老牛沒脖頸，七個八個都馱上。」謎底說的就是這種大炕。一張大炕，可以供全家老小並排睡覺，還能讓全家人感覺到窯暖炕熱，好像趴在老牛的背上一樣。這樣的炕特別「存熱」，冬天燒起來，賽過三春「暖房子」。

　　撐炕上，不放置炕琴被褥的一面牆上，都挖有一個牆洞，為的是放置油燈、線笸籮之類的雜物。而前炕因為有窗臺，牆上一般都不挖牆洞。特別引人注目的是，炕周圍的三面牆上貼滿了繪有圖案的紙和畫，十分好看，俗稱炕圍子。它的繪製和功能，將在後邊一章詳談。

　　灶臺上方的牆上也有個凹進去的洞，洞裏面放著油鹽醬醋等日用烹調用品。灶臺旁邊立著一排高低不一的粗瓷缸，缸裏有的裝水、有的儲存糧食，還有的醃著酸白菜。煙洞是順著牆挖上去，一直通到窯外邊。

　　煙洞的標準依口訣為準的：說什麼「狗窩臥下狗，煙洞轉開斗，出煙一袖口，風刮如雷吼。婆姨摟一摟，襠下瞅一瞅，寬有一拃半，豎著放下杵。」至於這類口訣內容的具體解釋，以及所隱藏的含義，尺寸的大小，只有炕把式才能說得明白。反正，不照口訣辦的，燒起灶來，不是回火就是倒煙，白遭踏柴禾，燒不熱炕。凡住窯洞的人們都相信炕把式說的這一套。

窯內的炕與灶臺相連，灶臺上方的牆上也有個凹進去的洞，洞裏面放著油鹽醬醋等日用烹調用品。灶臺旁邊立著一排高低不一的粗瓷缸，缸裏有的裝水、有的儲存糧食，還有的醃著酸白菜。

半間炕

「一間房子半間炕」，這是一句流行在北方廣大農村的俗語。北方平原地區和丘陵一帶的民居形式，大多是單門獨院，院前有門樓，院內蓋有兩面坡屋頂的房子一排三、五間，大多數還有東、西廂房。傳統的建築材料是以就地取材為原則，用磚石、土坯建築住宅的較多。格局大都是從傳統的四合院基礎上演變而來的。正房的間數最多，因為正房，也就是北房，朝陽，採光好，日照時間也長，最符合節約能源、合理利用能源的條件。因而在蓋房時，會盡可能地利用北邊的空間和地面，這就使院落本身成為一種有規則的形制，在以北房為主的正房前面，形成的一個方形或長方形的院落。

這是一座典型的北方農舍，以北房為主的正房前面，形成的一個方形或長方形的院落。

北房三間僅中間一間向外開門，稱為堂屋。兩側兩間僅向堂屋開門，形成套間，成為一明兩暗的格局。堂屋是家人起居、招待親戚或年節時設供祭祖的地方，兩側多做臥室。一般都是在堂屋設灶做飯的，也有在院子裏加蓋廚房的。

不做飯只取暖的炕叫火炕，不設灶。炕的正中間有炕洞，可填柴暖炕。炕有順山炕和南炕，多半是北炕。建北炕是為了安全，炕在屋子深處，從外邊看不見。鄰里間出了些矛盾，萬一隔牆擲進東西來也砸不著。北牆上開一兩個又高又小的窗子，這樣，能使空氣對流，又不致於招賊惹盜。

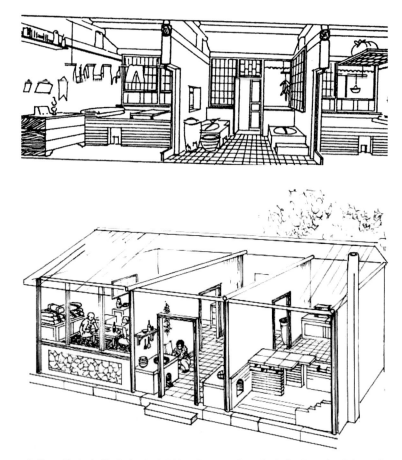

這是一幀北方農民家居的剖視圖，一明兩暗的房子，中間堂屋左右各有一灶，每個灶各連著一個炕，經濟實用，其樂融融。（尚爾立繪）

　　山東一帶出產一種蒲草，可以編成一寸來厚的蒲席，鋪在炕上十分溫暖。有的民房是兩明一暗，或是中廳與臥房中間不砌牆，也不打隔斷，灶臺和炕之間只修有一條短牆，人們都叫它影障子。是用來遮擋柴灰和油煙子。另外，也是怕炕上的孩子玩鬧時，一不小心，滾到鍋臺上去。

整炕

　　所謂「整炕」，就是說這整間的屋子都是炕。這種炕流行在山東濰坊、淄博一帶的農村裏。筆者九十年代，曾應主辦單位之邀去濰坊參加一年一度的「國際風箏節」，順便去參觀木版年畫和建在一個村莊內的民俗博物館。在其中的一個院落裏，我們看到了這種「整炕」。

這是北方農舍中最常見的居室結構和陳設。

　　這個農家小院不大，有正房三間；東、西各有廂房兩間。正房住人，一明兩暗的規制。走進中間的堂屋，正面貼牆放置條案，上邊擺著座鐘、撣瓶、帽筒之類的擺設。條案前放著一張大八仙桌，一邊一把椅子，是屋的主人日常作息之所。進門貼左手的一間屋子有門，貼窗子的一邊有一遛炕，也就是常見的「半間炕」。炕不連灶，單有炕洞。另外的半間放著桌椅板凳之屬。

　　而貼右手是座兩個火眼的灶臺，灶上有鍋，顯然是做飯、燒水、燒炕的地方。而右邊是一片沒門沒窗的白牆，牆中間的一處有一個像門的地方，但是沒有門，垂著半截子的門簾。撩起門簾往裏一看才會發現，這裡邊的整間屋子是一座離地二尺多高的火炕。四周畫著炕圍子，貼著北牆放著炕琴和一大摞被褥。炕中間放著炕桌。南邊臨著大窗子，十分亮堂。東、西牆上都帖著年畫，一邊是《老鼠娶親》，一邊是《連生貴子》。炕上鋪著蒲草墊子，打掃得乾淨利落，像個四圍封閉的「獨立王國」，私密性極強，別有景致。這使人想起了清人在《燕臺竹枝詞》中寫的一首「暖炕」詩：

　　　　斗室藏春穩獲持，夢回宵漏自遲遲。

　　　　嵇康煆灶眠雖暖，如此奇溫恐未知。

這是山東一帶農村的整炕。不過，它的前臉是一爿沒門沒窗的白牆，牆中間有一門洞，垂著半截子的門簾。撩起門簾往裏看才會發現，這裡邊的整間屋子是一座離地二尺多高的火炕。南邊臨著大窗子，十分亮堂。

　　據當地人說，右手的房間就叫做「整炕」。舊日裏，家里人口少的，天一涼，全家老少都睡在這間整炕上。上炕時，把鞋都脫在外邊。然後一放簾子，十分嚴謹。灶裏燒上一把秫秸，一整宿都暖暖和和的，睡在裏邊憑提多舒坦了。要是人口多，老人和孩子們睡整炕，兒子兒媳就睡在左手的南炕上。眼下這間整炕的布置，是房東兒子娶媳婦的新房，也叫「洞房」。這不，簾子一放，小兩口在整炕上怎麼折騰都行，美得很哩。這一帶的「洞房」都是這個樣兒。這家房東經濟條件好，老人、弟妹們都在鄰院裏另住。

　　依導遊這麼一說，還是真有道理，這種四面封閉的「整炕」對取暖材料稀罕的地方，還真是既經濟又實用。

長炕

　　《舊唐書·高麗傳》中寫道：「冬月皆作長坑，下燃熅火以取暖。」文中所提的「長坑」，即是「長炕」，只是這種炕比一般住家戶的炕要長了許多。這種長炕在東北和北方山東、山西也很多。不少是用於鄉間的學生宿舍、客棧、大車店等，是供多人住宿的場所。

這一張攝於清末民初時的照片，真實地記錄了山東地區一個小客棧「長炕」的實景。一長溜炕上可睡十來這人，炕上鋪著席，一頭放著炕桌。但床寬不及六尺，人們睡覺要拳著身子。

現在有些鄉村學校的學生宿舍還有大長炕，這是學生在冬季上晚自習，別有一片情趣。

作家馬小彌在《土炕小記》中寫道：

　　一九四九年，我在張家口第一次看見真正的炕，那是學校給學生們住的集體宿舍；一間十來個人，兩排長炕，一邊睡上五六個人。那時是夏天，炕是涼的，鋪著蘆葦編的席，沒有鍋灶，長長的炕沿下一排黑漆漆的洞。聽說裏邊是空的，冬天可以生火取暖。我不明白炕怎麼能不塌下來？我把炕洞通通堵上，放兩隻麻雀進去，看它是否能

從煙囪裏飛出來。沒有。兩隻麻雀既不見飛出去，也掏不出來了。

這種每爿可以睡上五六個人的炕並不算長，東北地區的長炕一爿可以睡上一二十人。民俗學者張家驥先生說，他在 1963 年，被單位派到東北赤峰大順坑一帶搞「四清」的時候，見過那裏的長炕。那裏的院子大多是一溜五間北房，與一邊開門進屋的「口袋房」不一樣，中間一間堂屋開門。一進堂屋就是廚房，中間放個大桌子，一邊一條板凳，屋犄角放著碗櫃、水缸，堆著柴禾、秫秸之屬。一進門，一邊砌著一隻灶，每個灶眼上扣著一口大鍋。左邊一口是做飯的，右邊一口是熬豬食的。左右兩邊各有房門，分別通進兩廂。這兩廂又各有兩間房，形制近乎「一明兩暗」，實際上是「一明四暗」。靠南窗戶左右各一條長炕一通到底。左邊這間為兩進房，邁進第一進，就能看到第二進。炕是連著的，第二進有牆也有門，儼然又是一戶。右邊也是如此的兩進，結構很是對稱。北半邊屋子沒有炕，可以置放桌、椅、櫥櫃等家什。他說：

> 這一家老少三代，共有孫兒弟女十二口人。有爺爺、奶奶；大兒子、大兒媳；二兒子、二兒媳，還有一個沒出閣的閨女和兩個孫子、三個孫女。這麼多人怎麼個住法呢？爺爺、奶奶上了年紀，需睡熱炕頭，就和三個小孫女住在左邊屋子的頭一進；第二進，住著小兒子、小兒媳婦和他們六歲的兒子。右邊頭一進，住著大兒子、大兒媳婦和他們十歲的兒子。二進則住著還沒出門子的閨女。當嫂子的怕妹妹進出不方便，就在齊炕沿上的大樑上，垂下一張帳子下來。睡覺前把帳子放下，白天拽在一邊兒，屋子依然顯得亮堂。

陝北村落窯洞的外景。（尚爾立繪）

而陝北最深的窯炕，也可以睡上十五、六個人沒有問題。

張一氓在《初到陝北》一文中也談到那裡的長炕。他說：

> 1943 年，我們這個班十五、六個人到陝北一個叫齊家大奤的地方出任務。這個地方離黃河大道很近，也算是個「車水馬龍」的要道衝口了。傍晚，我們被安排到北山坡上的一個院子裏去住。這個院子窄窄的，挺深。土坡牆上長滿了芨芨草。正中間有兩孔窯，門窗都很破舊。引路的人指著左邊的一孔說，這孔爛門的窯不能住人，只能放東西。右邊的一孔可以住。我一聽嚇了一跳。俺們十五、六口都擠在一孔窯裏，能住下嘛？引路的說，沒問題，再來十個八個也能住。媽啊！這是個什麼窯哇？

> 啊！一進窯兩眼屈黑，過了一會兒，眼睛適應了，一看這個窯挺高，裏邊還挺寬綽。可是，縱向裏真叫深吶！從進窯門量起，邁上五步就是灶，過了灶就是炕，這條炕順著窯壁向裏伸進去足存五、六丈長。媽啊，從來也沒有見過這麼長的炕。我們十五、六個人躺在炕上，裏邊還空了一截子呢。排長叫人把鍋裏舀滿了水，搬來一捆柴草，往灶裏一燒。火力還真不小，也不倒煙，火苗呼呼地往炕肚子裏竄。真比一般的短炕好侍弄。不一會兒，水開了，大家掙著擦把臉，脫光了衣裳就上了炕。雖說是入了秋，夜裏涼。可這一宿覺，睡得別提多舒坦了。白日一整天行軍的睏乏，被這暖烘烘的熱炕，早已趕到九霄雲外去了。

> 陝北的窯炕都很高，大小夥子要往炕坐，也得欠一下腳才能上去。為什麼砌這麼高呢？那是因為窯洞子潮，會生跳蚤。跳蚤咬人可利害了，又痛又癢癢，火燒火燎地叫人睡不著覺。但是，跳蚤怕熱，從來不上炕。專在地上咬人，所以，在窯洞子住的男女都打裹腿，跳蚤子鑽不進去。炕砌得高，跳蚤勁大也跳不上去。睡覺時，不倫男女老少，都要脫成一絲不掛的光屁溜兒，還要把日常穿的褲子衣服都吊在窯上懸掛著的籃子裏。這種習俗並不是要賣風流，為的是不讓跳蚤咬，餓不死它，也要讓它無處藏身。

對面炕

對面炕也屬於長炕一類，但它的布局是一間屋內，南、北兩邊各有一個

長炕，炕中間只有比門框寬的一溜兒走道兒，道上不能放置任何東西。睡覺時，兩個炕上都能睡人。睡時頭朝外，故而人們叫它對面炕。

這種炕大多分布在東北遼寧、撫順一帶的農村。那裡的房子形同一隻口袋。一排三間也好，五間也好，只有一頭開門。二進的屋裏就是南北兩鋪大炕。一排並排睡上十人、八人也不擠。有的在炕上用布簾、隔扇，或是用秫秸、隔斷、炕櫃等物把它分隔開來，便於不同輩分、不同性別的成年人居住。東北天寒地凍，燃料匱乏，這樣的居住格局也是沒有辦法的辦法。

對面炕大多分布在東北遼寧、撫順一帶的農村。那裡的房子形同一隻口袋。屋裏設南北兩鋪大炕。一排並排睡上十人、八人也不擠。有的在炕上用布簾、隔扇，或是用秫秸隔斷、炕櫃等物把它分隔開來，便於不同輩分、不同性別的成年人居住。

條件稍好一點的，就在炕中間用土坯砌一道規規矩矩的牆，中間再安上門，這樣就成了相對獨立的屋子了。這種南北炕，裏外屋的房子，長輩都是睡在外屋的南炕上，晚輩則睡在外屋的北炕上。同輩人中間的長者，則睡裏間屋的南炕，幼者睡裏間的北炕。從方位上講，南炕臨窗朝陽，並且離煙道口最近。俗話說「近水樓臺先得月，靠近灶臺得煙抽」。在這頭睡覺，緊挨著煙道口，得煙早、熱得早。所以，南炕的炕頭比北炕的炕頭，更顯得尊貴一些。

過去住房緊張的家庭，南北炕都睡人。當然，一般睡的都是一家人。但也有住兩家人的情況出現，就叫「住對面炕」。比如張家和李家住過對面炕，兩家處得真好，像是一家人家似的，從未紅過臉。住南北炕，兩家晚上都掛上幔帳。用這一層布暫時把這兩家的各自空間分開，除了「打呼嚕、放屁、叭嘰嘴」，盡都「雞犬相聞」，至於其他一切，俱遵互不干涉的原則。等到白天，幔帳各自疊起來掛好，就又變成一家了。

為了節約能源，一大家人擠住在對面炕上。一邊是父母老人，另一邊睡著兒子、兒媳和孫男弟女。

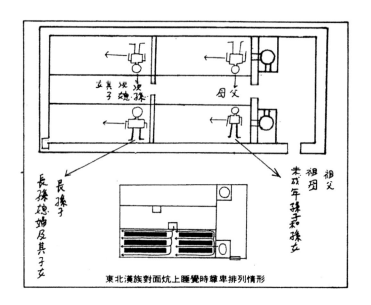

東北漢族對面炕上睡覺時緯畢排列情形

萬字炕

「萬字炕」，是東北農村滿族居住的一種別具特色的炕。

一般地來說，滿族民居的院落佔地大。房屋在院子中布置得很鬆散，正房與廂房之間有較寬的距離。一是因為東北地區土地廣人稀，建宅不計較土地；二是冬季寒冷，人居的正房要多多收納陽光，所以房與房之間，盡可能地不遮日頭。俗語說：「口袋房，萬字炕，煙囪立在地面上」，很生動、很具體的概括了滿族房屋的特點。

這是一座在東北常見的三開間的口袋房，大院子，院裏沒有廂房，也沒有耳房。左右離山牆不遠的地面上，各豎著一個大煙囪，像兩座頂天立地的大門神。

　　所謂口袋房，是因為滿族民居建築多為矩形，在寒冷的東北非常實用。一般是三間和五間一字排開，坐北朝南。三間房的大多是在最東邊一間的南側開門；五間房的則在明間或東次間開門，臥室占兩到三個開間，均開口於一端，形狀如同口袋，故稱「口袋房」。

　　三間和五間的房子若在居中開門，則稱「對面屋」，這是受到漢族的影響。開門一間稱為「外屋」或「灶間」，用來當廚房，置有鍋臺和餐桌、櫥、橙、飲食用具。東西兩側是「裏屋」，是臥室。

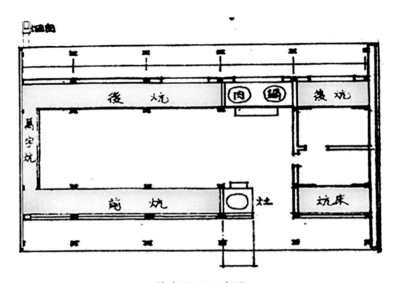

萬字炕的示意圖

圖為二十世紀四十年代，東北軍營中士兵們睡的萬字大炕。

　　滿族人最講究長幼有序、輩份尊嚴的等級差別，遵守著「以西為尊，以右為大」的舊規矩，長者住西屋，與漢族人的「以東為尊，以左為大」恰好相反。萬字炕的型制與滿族臥室的布局有關，它的特點是環室三面築火炕，南北炕通過西炕相通，形成一個英文的「U」字形，俗稱「萬字炕」。西炕的進深很窄，只有三尺多寬。一般是不能坐人和放雜物的，只准許家中的長輩男人和來家中做客的貴賓坐，女人是不許碰的。南北炕的寬度相同，大多為五尺八寸。炕高約為二尺一。民間俗謂「七行鍋臺八行炕」，就是說在蓋房的時候，砌鍋臺，為七行磚高，炕的高度為八行。

朝鮮炕

　　朝鮮炕，俗稱「高麗炕」，也叫滿屋炕、大炕。它是朝鮮族傳統房屋的一種火炕形式，不論什麼類型的房屋，修建滿屋炕的是多數，這是朝鮮族生活的習慣。當然，隨著生活習俗的不斷演變，在滿屋炕的基礎上又衍生出單面炕、條炕、南北炕、拐子炕、臺階炕等一些新的形式。

這是延邊一帶朝鮮族民居的式樣。多為四、五間一溜兒北房，右手三、四間有簷子，左手頂頭的一間齊簷而蓋。

　　滿屋炕則是除了草房、牛棚之外，在所有的房間內全都是炕。人們一進屋，行動坐臥全在炕上了。延邊地區以及遼寧地區的滿屋炕的炕面很低，只有一尺來高。

　　室內的單面炕和南北炕是從滿族的萬字炕變化來的，滿族房屋的南北炕，靠山牆的一端與順山炕相連。朝鮮族南北炕的一端是用一米多寬的板鋪相連的。一面炕設在房間的北側，它的前端和後部用木板搭成「T」字形。黑

龍江省中部平原地區一般都採用這種做法，炕的高度二尺一、二，炕的寬度大約為六尺左右。

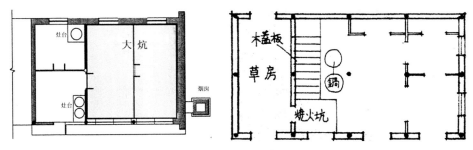

滿屋炕的平面布局

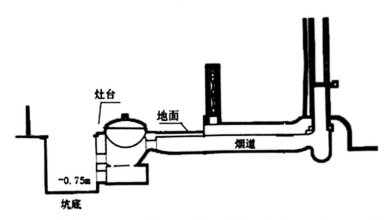

此圖為朝鮮族居室的灶臺、煙道與煙囪相互連接的示意圖。朝鮮族民居灶的做法別具特色，灶的平面位置緊挨著草房，與大居室在同一空間內，正對著入口的前門和後門。燒火炕低於灶臺，上下高差約二尺半左右，燒火的人是蹲著或坐在灶炕裏升火。

　　臺階炕是滿屋炕和一面炕的結合型。除了房間北側設有一面炕外，地面也砌了通煙的炕洞，藉以增加屋內的散熱面積。吉林省永吉縣一帶的朝鮮族房，差不多都是這種做法。這類炕，如果根據炕面所用的材料來分，則有柳條炕、土坯炕、磚和石板炕等區別。柳條炕是比較原始的火炕類型，朝鮮族遷入初期，生活條件差，搭蓋臨時住房時，往往用這種火炕。他們直接在地面上挖出炕洞，上面鋪上柳條樹枝，再在上邊抹泥，泥上再鋪一層柳枝，而後再抹一層泥，最上面鋪上稻草。

　　石板炕則是山區朝鮮族農村中最常見的炕，他們就地取材，利用山上天然頁岩生成的青石板，稍做加工，用來砌炕。石板炕的特點是傳熱快，蓄熱

性能好，熱能利用充分，而且堅固耐久。而在缺少天然的青石板的地區，人們就只能用磚或土坯來代替了。

朝鮮族民居的煙囪截面上下一致。煙脖子的一部分位於室外地坪上，一部分位於室外地坪之下。高聳的煙囪具有很大抽力，而且不容易受風的干擾，易燃好燒。

朝鮮炕的形成是與朝鮮族長期席居為主要特徵的居住行為模式有著密切關係。相傳殷商時代，箕子奔韓，五千民眾相隨，並在朝鮮建立了箕氏王朝，這些人把原居住地文化也帶到了朝鮮。雖然中原的席居制度在唐朝即已消失，但朝鮮卻把它保存了下來。據《宣和奉使高麗圖經》中記載：「（高麗王府官員）升階復位，皆脫履膝行」，「燕飲之禮，堂上施錦茵，兩廊籍以緣席」，「唯以小蘊，藉地而坐」。讀此，可知朝鮮炕的來源歷史是相當悠久的了。

龍炕

前面說過在宋代期間，地處北國的金國王族宮中的火炕已是十分奢華講究的了。國王和王后在火炕上接待來使，宴請賓客。彼時的炕已經不是單單睡臥的床榻，它還有了外交、會客、禮儀等方面的功能。因為炕上「設金交椅二副」，人們就把皇室御用的各種炕，稱之為「龍炕」了。

我們若到瀋陽故宮參觀，便可以看到昔日皇族使用的「龍炕」。瀋陽故宮的許多建築都採用了火炕這一採暖形式，其中以萬字炕為主，源於金代火炕的平面布局，呈「凵」字形，環繞三面牆壁。這種環繞形式又與滿族祭祀「以西為尊、開口以東為貴」的習慣相適應。這種環繞三面設置的萬字炕不但散熱面積大，而且南北兩鋪可以共用一個煙囪。皇宮南北炕的寬度為六尺半，與人的身長相適應，可坐、可臥，舒適異常。

連接南北炕的是一段較窄的橫炕稱為「順山炕」，它既作為連通南北炕的煙道，又是供奉祭祀用品的地方。除了十王亭和清寧宮東暖閣以外，瀋陽故宮建築中的火炕大多與火地相通，相互結合使用。十王亭靠火炕取暖而未設火地，它的火炕沒有保存下來，現在只能在建築的背面看到有兩個拱形灶門遺跡，而且底邊與臺基相平，應該是升火供暖的所在。

清寧宮東暖閣是靠火地和火炕共同採暖的，其中南炕有獨立的燒火口，便於單獨加熱。南炕和它的燒火口保存得較好，在室外南面簷牆下設置灶門

和灰坑以保持室內清潔。灶下有鐵篦子，木炭從鐵篦子裏放進去，再由煙道通進炕裏，熱炕取暖。天不冷時，就插一塊鐵片到煙道，煙就不進火炕而改進煙囱。煙囱砌在牆裏，在屋頂伸出一截。

這是瀋陽故宮中清寧宮的內景。南炕、北炕由順山炕相連接，其規制與滿族民居相同，只是規模宏大而已。

這是北京紫禁城內坤寧宮大殿內的萬字炕，形式與瀋陽故宮的一樣，是清廷入主北京之後，依照舊日習俗重新改建的。

坤寧宮的一側為皇帝大婚的洞房，婚床已採用漢制的雕花木榻了。

　　在清世祖入主北京之後，將紫禁城內的明式殿宇進行了改造，滿族形制的火炕也修進了大殿和內宮。重新改造了原皇后居住的坤寧宮，把它變成皇帝成婚大典和祭拜薩滿神的聖地。儘管出於舒適度和中原風水學的嚴格考量，皇帝放棄了睡火炕的習慣，開始睡木床，但是，坤寧宮中依然延續了滿人的習俗，它的西側由三個彼此銜接的超級火炕構成，跟皇帝的木質婚床密切呼應，這個皇家超級龍炕，依然留戀著昔日的傳統。因為火炕的溫暖，曾經撫育了一個偉大的、膘悍的民族。

三、炕的構建

前一章講了北方有代表性的幾種火炕的形式，靠山炕也好、長炕也好、對面炕也好、萬字炕也好，其形式、式樣儘管大不相同，但結構原理是一樣的，通通使用柴草、木頭、牛馬糞便、煤、炭的燃燒，達到取暖禦寒的作用。盤炕的材料則是依據家庭的經濟條件，居室的構造布局，周遭環境氣候和當地民俗習慣的不同，有所捨取。我們在這一章裏，重點地談一下北方農村中土炕的構成。

盤炕

在北方農村，新蓋好的房子一立起來，接著就是盤灶、盤炕。如果是老房子，灶是不用盤了，而炕是每年都要重新盤一盤的。當然，有些家庭過得不紅火，或是缺少勞動力，炕不能一年一盤，但是，過上兩、三年也一定要重盤的。因為，炕的煙道不清理就會「倒煙」、「塞道」，原本一燒就熱的炕，就會變成燒不熱的「冷炕」。有不信邪的懶人家就是不盤，這一年他的炕就不好使，不僅灶筒子泛煙，大人孩子也會因為壞炕的不良影響，而變得面黃肌瘦，食宿不安。第二年，只要勤快點兒，重新盤過炕，才能過上一個安穩年。

所謂「盤炕」，乃是鄉間的一句俗語，實際上就是壘炕、砌炕。盤鍋臺、盤大炕都是用磚或土坯。人們把一般大小的磚和土坯，交錯疊壓的砌在一起，盤根錯節，使炕的整體變得結實牢固。所以用一個「盤」字來形容這項工作，十分生動形象。

炕的構造圖：農家土炕用磚或土坯砌造，分為炕、灶、煙囪三個部分。炕身內縱砌炕壟牆，炕壟牆之間即是煙火通道，東北叫做「火洞」。為使多個煙火洞熱量均勻，尺寸大的炕在各壟牆中留出一些缺口，使火煙得以「回竄」，這叫做「花洞」炕。有的炕灶設在外間屋，灶與炕之間隔著牆。

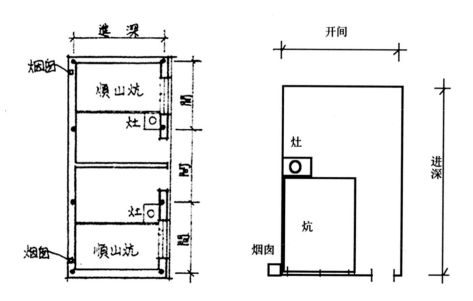

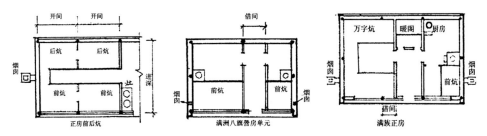

以上諸圖，是北方農村家火炕設置平面圖。順山也好、萬字也好、窯炕也好，都是與灶和煙囪相連的，由此構成一套簡單的、卻是很實用的供暖、排煙的系統。充分體現出我國勞動人民的聰明才智。

盤炕的材料可以用磚，也可以用土坯，要由個人的喜好和經濟財力來決定。有些富裕人家用紅磚盤大炕，再用白灰膏子溜縫兒，炕沿兒用硬雜木鑲嵌得油光水滑，乍一看，透著神氣、闊綽。但是在鄉間，人們大多還是使用土坯盤炕。在老人們眼裏，這不是個富不富裕的問題，而是個習慣的問題。老一輩的人都說：「用磚壘的炕不好使，熱得急、涼得快。熱時發燥，冷時發毛，不如土坯好。土坯炕，熱得勻，涼得慢。熱得久，涼得緩。不燥、不炙、不煲腚，不燒、不烤、心疼人。磚盤的炕，是畫上的娘們兒，中看不中用。」

因此每到農閒，只要有勞動力的，家家戶戶都會從遠處荒地往家中的院子裏或是村口的場院上運黃土，捒坯，為盤新炕備料。坯，是什麼呢？怎麼個捒法呢？

捒製土坯之前，先把拉來的黃土攤開，攤成一尺來厚，就把鍘好的一寸來長的麥秸子，撒上一層。然後淅透了水，再攤上一層黃土，再撒上一層麥秸，再淅一遍水。如此反覆堆起來，用鐵鍬和三齒子反反覆覆地攪和。磨刀不廢砍柴工，一定要不惜力，把麥秸子泥和熟和透。然後，再堆上一宿，讓它醒醒勁兒。

以上是農對捒製土坯時使用的勞動工具。其中，有取土和泥用的鍬、鎬、平鈀、三齒子、筐、水桶、扁擔；還有捒坯用的垍子、抹子、水盆、條帚等。脫坯時和的泥一定要均勻浸透。（尚爾立畫）

脫好的土坯，進行自然晾曬時，一定要晾得乾透，方可使用。（尚爾立畫）

盤炕時，土坯的碼放一定要整齊通透。（尚爾立畫）

土坯的學名叫墼，音 jì，俗稱墼子。專門摔墼子的是一個木製的長方形的木框子，叫墼模子。它長約一尺五，寬為一尺二，厚度大約為三寸五。墼模子的後面有一個木栓的機關，往裏填泥時，套上機關，然後用下面有石碣的杵子使勁往下一杵，杵到平整夯實後，抹去木框楞上的浮泥，用後腳跟輕輕往後一碰，木框栓的機關便打開。一片土坯便製成了。再輕輕地將土墼子搬起，放到旁邊早已平整好的地上，一層一層的擺起來，風乾後即可使用。這種製坯方法用的泥，要和得比較乾燥黏稠些。

還有一種墼模子，沒有機關和杵子，只是兩頭透空的一個長框，長度有二尺五左右。用時，在地上撒上一層薄薄的黃土，把墼模子放在黃土上。摔坯的人左手從水桶裏掬起一掌清水，順勢把水均勻地抹遍墼模，再鏟起和得軟硬適度的黃泥，用力摔入模子裏。再用手把模子裏的黃泥四角按實，順勢一抹，將多餘的黃泥甩回泥堆。然後，順勢拿起手邊的磚頭磕打一下坯模，雙手把坯模平穩迅速地提起，兩塊四四方方，板板正正的土坯便脫了出來。

回身再把手中墼模子重新擺好，接著再摔起來。直到摔夠用的數目為止。最後，要根據自家炕的大小，再摔製幾塊炕面子坯。這種坯要特別精加工，泥要乾，摔的要狠，更要瓷實。幹這路活兒可累得很，多壯的漢子幹完了也直不起腰來。鄉間人愛說淫穢的笑話，管它叫「四大累」。什麼叫「四大累」呢？大興文化館編寫的《大興縣四鄉俗謠》稱：「耪地、罱泥、脫坯、肏屄」！這是鄉間摔坯漢子們的口頭禪，摔一塊，叨嘮一遍，好像又解氣、又解累一般。

好不容易脫好的土坯，一定要精心看護。趕上陰天下雨，要馬上搬、碼、苫、蓋。天晴之後，再搬、碼、晾、曬。這且不談，鄉下的雞、狗特別鬧騰，最喜歡到剛脫好的土坯上撒歡。尤其八、九月的秋狗，交配時就專找堆土坯

的地方，連咬帶滾，一折騰就得一個時辰。在它們沒日上的時候，及時地趕走，還沒什麼損失。要是一但日上，七、八個人也碾不開了。趕上天氣晴好，三、兩天土坯便可以晾個半乾，還得把它們一塊塊扳起來豎著晾，這樣才能把土坯晾瓷實。再晾上三、兩天，土坯乾透，收攏起來，待秋忙之後，就可以盤新炕用了。

農村婦女正在製作土坯。

農村的盤炕能手正在向人們傳授盤炕的技術。

　　盤炕其實很簡單。通常在地上先要用土和沙子，先墊高到炕高的一半，叫做墊夯層。然後，用磚砌成彎彎曲曲的「弓」字形，一行一行相通連的煙道，與灶齊高，約一個立磚的高度，有十個釐米左右，俗稱炕洞。當然，煙道的夯層，也可以先砌煙道後再用土在其中填起來，這樣就更結實，炕面也不易下沉。

　　炕洞寬度一般不超過一塊磚的長度，是磚長的三分之二，高度大致為五塊磚高，臥磚順向砌。如果炕很大，一般間隔一兩個炕洞要在炕洞裏頭留出一兩個較深的坑，把炕底的土掏出，再用磚加固一下，以便灰多熗煙時，扒開炕面掏落膛灰時方便。與煙囱的接口處，也要留出一個較深的坑，也是便於落膛除灰用。最後，用炕面坯橫向碼滿炕面，搪炕面子的磚叫虎頭磚，長約五十公分，寬三十公分，大小是一般的磚的幾倍，碼放好後，淅上些水，趁濕來抹床面兒。

農村婦女在新盤的土炕上用黃泥塗抹炕面。

　　老年間，抹炕面的黃土泥一定要摻入馬糞一起和，待四角抹平，陰乾後，再在灶膛裏點上一把火，把炕慢慢地烘乾，一張新炕就算盤完了。這種和有馬糞的炕面是有一種獨特的彈性，站上去，腳底板很舒服。兩口子行「周公之禮」時，也不硌腰。但是，它總有一種怪味兒，而且，這種味道不斷地揮發、經久不散。凡見過世面的年輕人都不喜歡這種味兒了。近代有了改善，抹炕面就採用黃泥兌黃沙，比例約為八比一，以燒炕時不出裂紋為最佳。如果抹好了一燒，炕面上出現了裂紋，說明黃泥多了，就得重新再抹。

炕的側面可以抹上一層沙灰，如果是磚砌的，則勾灰溜縫，為的是整潔好看。這些說起來簡單，做起來還是挺難的。能夠把磚坯碼直抹平，全靠手上的工夫。在鄉間能盤上一手好炕的人，是非常受人尊敬的。幫人盤炕，少不得肉吃，也少不得酒喝。要是專幹這一行的師傅，一入秋，也少不得把錢賺得滿兜滿缽。俗語說得好：「學會種地，一輩子苦力；學會盤炕，一輩子敞亮。」當一名出色的盤炕把式，在三百六十行中是掛得上號的。

農村的老炕把式在盤火炕，從中可以看見炕的內部結構。

連炕灶

中國殷商時期的「煙」字是這樣寫的，𡧇，特別像一張圖畫。上半部分是個灶臺，臺上有個甕狀的鍋，鍋上有個 𠆣 形的「煙囪」；灶臺下邊有一支手在點火，顯然是個既象形又會意的字。古代的人為了煮熟食物而設灶點火，火點著後，就會有「煙」發生，並順著「煙囪」冒出來。所以，《說文解字》對這個字的解釋為：「火氣也。」不過，在我看來，這個字更應該像個「灶」。

「灶」字的古寫為「竈」，會意，從穴，䵳（cù）聲。《說文》解釋為「炊穴也」。本義「用磚石等砌成，供烹煮食物、燒水的設備」。異體字「灶」，從火，從土，會意。因為灶是由土石堆砌而成，且用火做飯煮水，故《白虎通·五祀》稱：「灶者，火之主。人所以自養也」。

有文字學者從另一個角度解釋，「灶」從火、從土。「土」字在古文字中是一個男性的性符號，是一個正處於勃起狀態下的男性生殖器，左側附之

以「火」，表示「加熱」、「火炙」和「沸騰」的意思，突出了灶的功能和作用，也是一會意字。因為「竈」字寫法過於繁雜，近代便以異體字代之了。

灶是何人發明的呢？古籍上還真有個說法，說它是嵇康發明的。汪枚的《雲台山賦》云：「王烈幸獲丹書，月明甘泉；嵇康惜別鍛灶，曲散廣陵。」《太平寰宇記卷》稱：「康歸隱，於百家岩鍛鐵淬劍。」百家岩在河南修武縣西北四十里，兩山對峙，其狀如門，山麓有百家岩，至今尚有嵇康鍛灶的遺跡。

嵇康，字叔夜，譙郡銍縣人氏。他是三國時魏末著名的詩人與音樂家，也是「竹林七賢」的領袖人物。他為人耿直，幼年喪父，勵志勤學。後娶曹操曾孫女為妻。曹氏當權的時候，他做過中散大夫的官職。嵇康後來家道清貧，常與向秀在樹蔭下打鐵謀生。貴公子鍾會有才善辨，一日，鍾會前來拜訪，嵇康沒理睬他，只是低頭幹活，鍾會呆了良久，怏怏欲離，這時嵇康發話了：「何所聞而來？何所見而去？」鍾會沒好氣地答道：「聞所聞而來，見所見而去」，說完就拂袖而去。後來，鍾會深恨嵇康，常在司馬昭面前說他的壞話。

我們從這段故事來看，嵇康喜歡冶鐵，可能對灶進行過技術性的改造。但是，如果說後代百姓家的灶是嵇康發明的，則實在有些牽強附會了。

灶是古代先民在勞動實踐中的一種發明，早在遠古「北京人」的洞穴中，就發現了火爐的遺痕。雖說不是灶，但以火塘為中心的生活方式似乎已見端倪。距今約 6000～7000 年前，我國進入氏族社會時，人類已經在建於地面的房屋中央設有地灶。地灶設於屋內正中或偏離門遠些的當中位置，火焰終年不熄，以備隨時取用。周圍可環繞而坐，便於活動。一天勞作之後或者當天氣惡劣而不能勞作時，火塘便成了家庭活動的中心。那些祖祖輩輩流傳下來的故事伴隨著火塘中的嫋嫋輕煙，維繫著一個民族的繁衍與文明。灶坑內留有炭塊和獸骨，屋頂設有排煙口，這種布置方式兼有烹飪、取暖、去濕、防獸等多種功能。但是，它與整棟房間沒有隔離，所以煙氣彌漫在整棟房間，衛生條件極差。迄今有些少數民族住宅中仍然保留地灶。例如蒙古地區的蒙古包、西南地區的竹樓等處依然存留。

隨著生產的發展和生活方式的改變，人們物質生活逐漸豐富，飲食也由燒烤為主轉向以燒煮為主。此時，建房技術也日臻完善，為解決爐灶排煙及操作方便起見，爐灶逐步由房間正中移向一角。地坑也做相應地提高而改成

磚砌的灶頭，鍋子架設在灶臺上，並設有沿牆面砌築的煙囪，較為衛生安全且整潔，做飯的同時兼具取暖的作用，北方的連炕灶也就這樣產生了。

一件造型完整、逼真的西漢灶臺微縮模型——冥灶，近日在寶雞一墓葬中出土。出土的冥灶有灶口、煙囪、鍋、罐等，2000 多年前漢代人所使用的灶臺和現在一些農村仍使用的灶臺基本上沒什麼兩樣。

最近，考古人員在寶雞市金臺區團結村一施工工地出土了一件陶製陪葬品，有關人員立即保護起來並向文物部門彙報。經文物部門鑑定，該陪葬品是一件造型完整、逼真的西漢時期的微縮灶臺模型——冥灶。這個冥灶幾乎和現在一些農村仍使用的灶臺一模一樣，有灶口、煙囪、鍋、罐等，灶臺上的鍋是做飯用的，罐可能是盛水或放調料用的。可以見證 2000 多年前漢代居民就開始使用炕灶了。

這是一座近代農戶人家使用的連炕灶，灶邊多了只木風箱。

這是一種隔山燒火灶。鍋灶和炕中間隔了一堵山牆，這道山牆可以直通房頂，也可以是個半山牆，把灶、炕分為兩屋，一邊是臥室，一邊是廚房，取暖、做飯二者兼顧，比起連炕灶來要乾淨、清氣得多。

我國北方的天氣四季分明，十冬臘月寒冷異常，尤其三九天，民有「臘七臘八，出門凍煞」的說法。因此，燒火做飯帶燒炕取暖的連炕灶相當普及，盤灶的技術也非常高妙。幾乎農家的男勞力都會盤灶，這也是父一輩子一輩傳下來的手藝。

常見的灶有以下幾種形式。

一種是單體灶，灶體並不與炕相連，與燒炕無關，也就不是本書所研究的範圍。另一種是炕灶，亦叫連灶炕。鍋灶與炕連在一起，灶內燃燒柴秸，煙氣餘熱，順著炕內火道迂迴流行，通過牆內豎直的火道由煙囪排出。做一頓飯的時間，炕面溫度就可以達到 40℃～50℃，最適宜老年人及幼兒睡眠。但是，灶口時有煙塵冒出，室內煙味嗆人，日久天長，牆壁便被燻黑。

還有一種叫隔山灶。鍋灶和炕中間隔了一堵山牆，灶炕分為兩屋，一邊是臥室，一邊是廚房，取暖、做飯二者兼顧，比起連炕灶來要乾淨、清氣得多。缺點是，灶上放著大鍋燒水做飯，灶面還放著熱水瓶，油、鹽、醬、醋，有的還把火城、鹽鹵等也放在灶臺左近，即不衛生，又不安全。而且，農村家家有小孩，他們淘氣、好動，稍有不慎便會釀成意外。舊日農村，小孩燙傷和誤食的事件經常發生。

農村中有古老的「兒歌」唱道：

　　小小子，生得乖；

　　真聽話，可人愛。

　　千萬，千萬，千萬別登高上鍋臺。

　　灶臺上邊有老虎，專咬小子的小屁股；

　　灶臺下邊有只雞，專叨小子的小雞雞。

目的就是叫孩子從小就遠離灶臺。

炕煙囪

　　火炕的煙囪在不同的地區，其形狀和構造各不相同。但均以通暢、抽煙力大為第一要務。窰炕的煙囪都是在打窰之前事先設計好、預留出來的。方位大多在窰炕炕尾貼窰壁的一側。煙道從窰壁上穿，一直從窰頂坡伸出去。燒炕時，人們可以從遠處看到黃土坡上冒出的縷縷青煙。

有的地方是把燒火炕的灶修在屋子或窰洞以外的，用時，特意加把柴禾。

　　平原地區民間都是順著山牆修建煙囪的，有的含在山牆裏邊，有的則是緊靠山牆修建，大多都是磚石結構。煙囪口高出房頂二、三尺，頂頭上砌一個花磚口。有的在頂上加修一座小亭子、小房子，甚至是座小樓房，用其阻擋風雨，同時也成了很好的建築裝飾。

　　唯有東北的「長炕」、「萬字炕」多依滿族人的風俗修建煙囪。滿族人管炕煙囪叫「呼蘭」，它的建造多採用脫開房屋設置的獨立形式。用一道地上的水平煙囪與建築連通，稱為「跨海煙囪」。這種煙囪多置於山牆側面，也有放在房後甚至屋前，基部距離山牆有一至兩米遠。因為東北多風，煙囪都建得很高大。

　　早年間，「呼蘭」用自然形成的空心整木代用。當時滿人生活在山地，這種枯乾了的中空樹木到處皆是，拉回來即可當大煙囪使用，既簡單又方便。《柳邊紀略》載：「煙囪多以完木之自然中虛者為之，久而碎裂，則互之。」這種空心木天長日久會自然開裂，那就用泥巴塗在樹外，再纏繞藤條來加固繼續使用。

左圖為大宅門房頂上的煙囪。右圖則為一般民居屋頂上的煙囪。

東北農村地區的房屋與房外山牆高高矗立的煙囪。

滿族遷居平原以後，空心樹難再找到，就用草泥巴模仿樹的形狀砌築。後期又改用土坯或磚砌成，其圓面形狀也改為方形。煙囪從地面向上直立，高出屋簷數尺，下粗上細呈階梯狀，這是對早先煙囪形象的一種簡單模仿。還有的在煙囪上做了一些造型。儘管這種煙囪不如附在外牆上或外牆內的煙囪那樣，可以使煙道內的餘熱進一步散發到室內。這種煙囪的抽煙力和排煙效果都非常好。

另外，這種煙囪與房屋獨立，也是出於防火的考慮。早期的滿族民居皆為草房，棚蓋全是用草苫成。若是煙囪直接修在屋頂上，冒出的火星一旦落在草上，就會引起大火。如果放在三尺遠的地方，煙囪與房室不是一體就安全得多。外屋南、北兩面有四個鍋臺，鍋臺後放餐具。鍋臺的燒火口均不兩兩相對。他們的做法對其他各民族均有較大的影響。

而朝鮮族民居的煙囪截面上下一致。煙脖子的一部分位於室外地坪之上，一部分位於室外地坪之下。高聳的煙囪具有很大抽力，且不易受風的干擾，特別好燒。

炕席

古代還沒有炕的時候，人們在家中聊天談事兒一向是席地而坐；睏了，席地而眠。所謂「席地」，就是在地面上鋪上一張席。既可以防潮，又能保持清潔，不弄髒衣物。普通的百姓之家，一般就鋪一張席；有錢有勢的權貴們，就多鋪上幾層。據古代文獻記載：皇室王族最多的要鋪上五層席，才合乎體制。

昔日，無論多麼窮苦的人家，炕上都要鋪上一領席。

依照鋪的先後，最先鋪的第一層，也就是挨著地的一層，不叫席，而叫「筵」。依照字典的解釋：筵，音 yán，名詞，它是個形聲字，從竹，本義就是竹席。例如：《詩經‧小雅》的「賓之初筵」的「筵」字，鄭玄注曰：「席也。」筵與席，是兩個名字同一物。《孔疏》則進一步說明：「設席之法，先設者皆曰筵，後加者為席，假令一席在地，或亦云席，所云筵席，唯據鋪之先後為名。」可知筵與席之分別，是在鋪設的先後而定的。

有了炕之後，原先「席地而坐、席地而臥」的習俗，也就全都挪到炕上來了。土炕上都要鋪席，如同地上鋪席一樣，也是為了與土相隔，乾淨利索。鄉間平民之家的土炕，一般都是鋪上一張席就夠了。富裕一些的遵從古制，先鋪一筵（宴），再鋪一席的或許有之，但下邊的「筵」，大多是已經破舊不堪、而又棄之不捨的舊席。很少有鋪兩張新席的，即使有的話，一則打滑，並不實用；一旦傳揚出去，左鄰右舍都會說他家不會過日子：「有兩個錢兒燒的，也不怕坐上去把屁股燒壞了。」

一般人家在鋪席之前，多是在炕面上均勻地撒上一層薄薄的細沙子。講究一些的，則把沙土用水澄一下，將土澄出去，用剩下來的細「砂」撒炕。撒勻後，再把席鋪在細砂上，既平整又鬆軟，人往炕席上一躺，憑提多來勁了。

新盤的炕一定要鋪上一領新炕席。「席」字用繁體的話，是在「席」字上加個草字頭，寫成「蓆」，那就更直觀、更生動了。因為，「蓆」是用蘆葦或高粱秸子（俗稱秫秸）之類的植物莖皮兒編織成的嘛！不過蘆葦席比秫秸席更細密、更漂亮。農家用哪一種席，則要看他們生活的環境，圍遭是出產蘆葦呢？還是專長高粱。例如，河北省白洋淀一帶的農戶多鋪葦子席；而東北一帶農村，則多用秫秸席。

秫秸席的做法，是在秋天把成熟的高粱稈割下來，去葉之後，兩頭兒截齊，豎著靠在山牆上，曬上個月期成。織席前，用篾刀把高粱稈破開，再淅水浸泡。等到它軟了，平放在場院上，用石碾子順著碾壓，使秫秸杆兒裂開。再用小刀一一刮掉裏邊的瓤子，留下一條條光潔的外皮，俗稱細來兒，就可以用它來編席了。

舊日的農村，人們在耳濡目染、長年薰陶之下，男女老少大多都會編席。炕席的大小一般都是和炕的大小尺寸相同，「八字」編花、接長補短、萬字不到頭，破上個整工夫，一領席很快就能編完。但是收攏席邊兒可是個技術活兒，得由手藝高明的大爺、大嬸插手幫忙，成席才周正好使，「不扎脖梗子」。

鄉下人撂平了身子睡覺時，脖梗子正好處在席口上，席口撦得不好，脖梗子可就吃虧了。

一領炕席編好了，全家人還要認真的檢查一遍，看看是否有細采、毛刺兒。一旦用手劃拉出來，馬上要用剪子鉸掉，收拾光滑。因為天熱時，人們都光著身子睡覺，要防止細采扎人的後脊樑。鄉下人的小孩子都穿開襠褲，沒事兒就在炕上蹭來蹭去，毛刺兒扎了屁股還好治，要是扎了「雀子」那可不是好玩的。鄉間哄孩子睡覺的老奶奶，一邊拍著孫子一邊唱：

過新年、鋪新席，樂壞了心肝小淘氣。

摸摸東、摸摸西，別有毛刺兒沒剪齊。

扎了淘氣兒的手兒我不怕，扎了淘氣兒的屁股要哭啼。

千萬別扎淘氣兒的蛋，也別扎淘氣兒的小雞雞。

扎了小雞孵不出蛋，孵不出蛋來可了不的？

淘氣兒的媳婦是個母老虎，尋死覓活可不依；

三腳踹蹋這盤炕，兩把扯碎這領席，

看你狗兒的編的是什麼席！（引自《冀北民謠》）

葦子席編起來可就講究一些了。秋天一到，把蘆葦割下來，要從中挑選最長、最順溜的、最挺實的好蘆子，用篾刀子劈成長長的細采。用熱水燙過，變軟就可以用了。在鄉間編葦席的大多是以此為業的手藝人，人稱篾匠。篾匠劈細采兒時，輕鬆自如，從不脫刀，能夠一刀到底，均勻細長。

編席開始時，篾匠先挑四根寬長的篾條井字型咬合相扣，然後以此為中心，橫一條豎一條地陸續添加。先是蹲著，不大一會兒就坐下了。他那靈巧的十指和手中的篾子似銀鱗穿梭一般，不一會兒就編出一大片。手巧的還能編出卍字不到頭的花紋。席片兒編到一定尺寸，就開始鎖邊兒。鎖邊講究花紋齊整、勻實美觀，瓜瓞連綿、福壽無邊。織出來的新席，簡直是一領精美的藝術品。

村民們都會讚揚地說：「沒有花錢的不是，內行幹的活兒就比外行強。」篾匠得意地抽著煙：「這都是祖師爺賞的飯。」後生們就問：「您的祖師爺是誰呀？」篾匠一翻眼珠子：「大漢皇叔劉備劉玄德呀！你難道沒聽過《三國》？」然後越說越得意：「我編的席用上三年五載絕沒問題。要是新娘子光著腚向上邊一躺，保證能懷個胖小子。」後生不信，就反問：「何以見得呢？」篾匠把席面兒一翻，指著席底的紋路兒說：「你看看，我這裡使的都是子母扣，

一反一正，陰陽相合。風清月白之夜，再有人氣兒一沖，甘露兒一澱，準保得一個胖兒子。」要貧嘴的後生還不依不饒的追問：「什麼叫人氣兒一沖，甘露兒一澱哪？」篾匠會舉起煙袋往鞋底上一磕，罵著說：「去問你嫂子去。」

「炕上沒席，當家臉上沒皮」，再窮的人家炕上，也得鋪上一領席，那怕是用破布又縫又補的呢。炕席鋪久了，再加上人們天天在上面磨來蹭去，就容易從秸結處破壞，尤其是炕頭兒上。冬天火燒多了，就容易「上荏」，就是把炕席給燒紅了，不小心挨上去會燙傷。最有意思的是，夏天穿得薄，在炕上坐久了，或者就著炕睡著了，臉上，胳膊上，都會印上紅紅的炕席花。炕席花一楞一楞的，好像古代罪人的「黥面」，給發配充軍了一樣。

這是民國時期出版的兩幀香煙畫片，描寫的是昔日鄉間篾匠編席和賣席的樣子。

炕席還有一個用處，就是農家婦女的「保險櫃」。男人掙來的錢鈔，還有什麼地契、借據、收條、中藥單子、小孩的「生辰八字」等，凡是重要的字紙，大多都收藏在炕席之下。故而，凡從農人手中拿出來的「文書」和鈔票上面都印有「炕席花兒」。

炕席還有其他用處，譬如用它摞糧食垛，囤糧食；用它搭棚子，苫房頂，遮陰避暑、擋風遮雨。對於饑荒戰亂的年月說來，破炕席還可以當「義席」，

用以裹屍埋人、充當棺槨。當然，這些又是題外話了。

炕上鋪席的歷史大概已有千年之多，近代的人們忽然變得聰明起來，把席變成了用「牛皮紙」，或者採用含棉纖維多的「窗戶紙」糊炕。女人用麵粉打成漿糊，均勻的塗在鋪好的紙上。再把紙張平整的糊在炕面上。待其乾後塗上油漆。即乾淨平整，又光滑瓷實，鮮亮照人。

坐在炕席上抽煙的農人。

六十年代，又有一種以鋸末為材料的纖維板出現了，不少人家在火炕上面鋪上了一層纖維板，纖維板的上面再塗上清漆，保留著纖維板的本色。這樣的炕面光滑古樸，擦拭起來還特別的方便，年青人都很喜歡。不過老一派的人，依然認為還是鋪炕席好。因為炕席舒服、透氣，模起來的手感，也不那麼滑出溜的讓人覺得生分，好像不是躺在自己的家中一樣。

炕沿子

炕沿子是火炕的重要組成部分，它置於火炕的外沿，是人們上下炕、或倚或坐的必經必用之物。炕沿子的好壞與否、漂亮與否、光滑與否、清潔與否，反映著一個家庭的經濟情況和主婦的勤快。人們在盤炕時，一定要用最好的、又長又厚的硬質木料當炕沿子，如杉木、硬雜木，即耐蹭又耐磨，而且越蹭越磨越光亮。它的兩個端頭要嵌插在牆裏邊，炕沿下邊亦有立木支撐。講究的，有的還雕有花飾紋樣。

炕沿子的作用，一是保衛著炕面的整齊、牢固、漂亮和體面；二是，炕沿子專供人們起坐，如同椅、樣。跨炕沿，是家庭成員每日起坐最頻繁的動作之一。家庭主婦納鞋底子；要嘛，來了串門子聊大天兒的三嬸子、二大媽，

或是來了本村什戶的後生子來「扯閒片」；要麼，大老爺們們叼著煙袋鍋子閒落呵，或是小孩們人嫌狗不孬見地蹭炕沿子、在炕沿上跳上跳下；在炕沿子上蹭來蹭去的，一天到晚不知道有多少人，用過多少回。炕沿子不結實根本是不行的。

晚上睡覺了，主人們都是頭朝外睡，枕頭都要放在枕沿上。為的是不讓枕頭滑溜下來，一般的炕沿子都略高於炕面。此外，炕沿子還是兩口子夜間「辦事兒」的重要地方，農村的壞小子與平輩的小媳婦子們開玩笑時，有句著名的俏皮話：「千萬別顛壞了炕沿子！」小媳婦一轉身，就煽他一個大嘴巴。

盤炕的老師傅在教徒弟盤炕時，一定要問清楚本家是盤高炕，還是盤低炕。常言說：「高炕齊襠，低炕齊蛋」。「齊襠」，是指最高的炕沿子可以高到成人的胯巴襠；「齊蛋」，指的是炕沿的高度一定要在男人生殖器的「睪丸」之下。為新房盤新炕，都要盤低炕。

炕洞

不與灶相連的火炕，下面都有一個長方形的洞，這個洞是跟炕裏的煙道和煙囪相連通的，用來燒炕用。通常來講，炕內盤的煙道一般叫炕洞子，而露在外邊的洞口，才叫炕洞。燒這種炕，有的是直接用柴禾、秫秸，更多的是用木柴或是用「灶火炭兒」，也就是從灶塘裏取出的尚未燒盡的餘火，放入炕洞內，再壓上些可以代柴代炭用的乾玉米棒子、糠秕皮之類的可燃物，使之處於半燃不燃的狀態，睡覺前燒上，天亮尚有餘燼。這樣，可以使火炕通宵達旦暖融融的。

火炕洞的形式，分為直洞與花洞兩種類型。直洞的形狀，是炕頭和炕稍

各有一條又寬又深的溝，俗稱「狗窩」，兩條「狗窩」之間砌有若干相互平行的直線炕洞，炕洞之間互不相通。花洞的形式不同於直洞，而是在「狗窩」與「狗窩」之間，留有相通的孔洞，煙火通過炕洞的時候不走直線，而是左竄右拐，迂迴前進。因而散熱均勻，熱能的利用好於直洞。但是，砌的時候更講究技術，砌不好倒煙回火，還不如直洞順煙。

石板炕一般都砌成花洞，因為石板取自天然，形狀不同，大小各異。砌築時，要在石板的幾個角下墊石塊找平，才能將不規則的石板，相互拼合成一張完整的炕面。而柳條炕、土坯炕、磚炕，一般砌的都是直洞。

隨著經濟條件的改善，磚砌炕洞是今天仍被廣泛採用的火炕做法。做法也不複雜，在夯實的臺基上向下挖上一尺多深，再用磚或土坯砌。一般說來炕壟寬四寸，炕洞寬八寸，其上搭磚或石板，而後抹泥，裱糊油紙或鋪簟簾子即可。

北方農家火炕的炕洞。

炕洞的作用很多，首先它可以烘東西。比如，孩子的尿布，濕衣服，都可以鋪在炕洞上方的炕沿子上，一會兒就烘乾了。在外邊踩過雪、趟過雨的鞋濕了；襪子濕了，就把它放在炕洞的附近烘一烘，過上個把鐘頭，也乾得棒棒的。癖病就是連騷味、臭味一起烘了出來，只要屋里人受得了，就可以這麼幹。

點了火的炕洞兒還有一個可人之處，可以燒烤食物。餓了，順手拿塊窩

頭、餅子，放進炕洞內一燒，用不了一袋煙的工夫，拿出來就吃，又脆又香。用來烘白薯、烤芋頭更是好的用場。

此外，炕洞還能藏東西，舊日，不少農人把一些他們認為比較貴重或對外保密的東西包嚴實了，就藏到平日不燒火、或是不睡人的火炕的炕洞裏。用的時候再從炕洞裏掏出來。山西的富戶人家，還講究在炕洞下邊挖個地窖子，在裏邊藏銀子，炕洞口上有青磚隔板，在隔板上邊生火填灰，下邊有什麼，外人根本就看不出來。

炕洞若修得寬些、結實，裏邊還可以藏人。民間傳說當年白雲觀的羅真人就棲身在人家的炕洞裏。清康熙年間，羅真人來到北京。無論冬夏，他只穿一領布衲在市井漫遊。有時人家施給他一些生米生麥，他用嘴一吹，就變熟了。夜晚，店家拿出蠟燭尚未點亮，他來吹口氣，燭焰便點燃。北京有九座門，每天九座門的人都能見到他的身形。後來他忽然隱去，三年沒有露面，人們都懷疑他死了。北京人冷天都要燒火炕，差不多三年才掃一次炕洞中的積灰。有位姓年的人家去掃炕，卻聽到炕洞中傳出鼾聲，不由大驚，忙請來好幾個人一同察看，原來是羅真人躺在裏邊。眾人將羅真人叫醒，他爬起身來說道：「借您家的炕洞，熟睡了三年。」眾人請羅真人入廟，羅真人說：「我不入廟。」請求他接受大家供奉，他也不肯。眾人問：「那麼您想到哪兒去呢？」羅真人說：「我就住炕洞吧。」雍正五年春天，羅真人跑到白雲觀，住進一間乾淨屋子，一個多月閉門不出。觀中道士偷偷地去張望，發現他已經坐化了。於是修建墳塔，將他葬在白雲觀的東院裏。這雖說是個故事，但時不時有淘氣的孩子鑽進自家的炕洞兒裏去「藏貓貓」，最終弄得滿身黑灰才出來，變成了一個小「土地爺」。

在抗日戰爭時代，炕洞子竟還發展成一種「抗敵戰術」。在冀中一帶，八路軍開展地道戰，動員老百姓家家戶戶挖地道，逐漸形成了房連房、街連街、村連村的地道網，而且形成了內外聯防，互相配合，打擊敵人的陣地。牆壁、鍋臺、水井、土炕都成了地道的重點開發地，尤其，火炕的炕洞更是一個出入方便的地方，也是個藏身的絕佳處所。地道戰開始後，據說敵人也曾費盡心機，採用尋找洞口，放火、放水、放毒等辦法進行破壞。但是，由於不斷改進地道，使其更加完善，敵人也不易發現。為使敵人不能進入洞內，有的在炕洞口還修築了陷阱、插上尖刀，或者在洞內挖掘縱橫交錯的「棋盤路」；洞內設有卡口、翻板，防毒、防水，或者將地道挖得忽高忽低、忽寬忽窄、並且設

有直通村外的突圍口。這樣，地道便成了進可攻、防可守、退可走的地下堡壘。

由於地道戰的廣泛開展，對平原地區反「掃蕩」鬥爭起了重大的作用。例如，1943 年，駐靈壽的日偽軍 200 多人包圍了正定縣高平村。拂曉，敵人開始進攻，村民們都從炕洞進入地道，民兵游擊組、爆炸組利用地道工事監視敵人。當敵人進入地雷陣時，先後兩次拉響 4 枚地雷，炸死 20 多個鬼子，打得敵人防不勝防，亂跑亂竄，狼狽逃回據點。這一戰例，還被寫入《冀中抗日戰爭》一書。

電影《地道戰》中的游擊隊員從炕洞、從灶臺內衝出來，與日本鬼子交鋒。

在非常時刻，炕洞還能救人。唐山市 24 中教員高錦一老師說：當年唐山大地震時，他被震醒時，房屋已經倒塌。他被仰臥地壓在炕上，全身被碎磚爛土壓住，動彈不得。上面是塌下來的竹笆和房頂，只覺呼吸困難，如負重千斤，無力自拔，只好等來人前來扒救。家人有脫險的，立即來救他，但由於房頂上的焦塊太大，幾個人也搬不動。幸虧他家睡的是土炕，人們爬到炕沿處，鑿開炕沿子，使炕塌落，他就掉到炕洞裏，然後從炕洞處爬了出來。高老師說：「我是屬於埋壓較重者，但扒救人巧妙地利用了炕的特點，將我救了出來。這要比從上面扒救安全，充分利用地形地物，是救人的方法之一。」此事，也被編入《救助技術指導》一書，在唐山大地震中，借助炕洞求生的實例還有很多。

炕圍子

新盤的炕，炕上鋪著新炕席，屋子的三面牆都用石灰塗抹，刷得四白落地，顯得分外乾淨，明快亮堂。與炕相接的三面牆上都貼著二尺多高的五彩圖畫，鄉下人管它叫炕圍子。

上圖是一種近代紙製炕圍畫，印有《西廂記》、《麻姑獻壽》等故事，與年畫一樣流行。下圖是用民間剪紙貼成的炕圍畫，圖案多是「牡丹富貴」、「孔雀開屏」、「荷花嬌豔」、「鴛鴦比翼」等。

炕圍子是一種十分實用性的裝飾，它可以避免炕上的被褥與粗糙的牆壁直接接觸摩擦，保持被褥的清潔；同時，還美化了居室環境，給農家土炕增添無限溫馨和情趣。久而久之，積習成俗，形成了「炕圍畫」獨特的藝術形式。「炕圍畫」的製作大祇分為二種，一種是直接在牆上油漆彩畫，要由專業的鄉村畫師來完成。另一種是直接貼上牆紙，把已經印好的花卉、故事、戲齣，選擇中意的買回家來，用漿糊貼在炕的周圍即可。還有一種是剪紙畫，由家中心靈手巧的媳婦、女子精心剪貼製作而成的。

早先，炕圍子底色多用大紅，搭眼一看，溫暖熱烈，還有吉利避邪的意思。後來，人們的審美眼光有了變化。炕圍底色便由大紅改為綠色，這樣不僅看著順眼，又富有松柏長青，瓜果滿園、五穀豐登、春色無邊的意境。

邊道圖案是炕圍畫的精華，對炕圍畫的形式和風格的形成，有著重要的作用。邊道是由吉祥圖案反覆連續而成，經常使用的有玉帶邊、竹節邊、冰竹梅、卷書邊、萬字邊、獅子滾繡球邊、富貴不斷頭邊、五蝠降瑞邊、八仙八吉邊、金玉滿堂邊等，百色百樣、美不勝收。每套炕圍畫邊道的繁簡多寡不同，但都是綿互不斷的組合，精美大方、趣味無窮。

與邊道相配的還有多種適合形圖案紋樣，畫在兩旁的為「卡頭」，設在下角的稱作「角雲子」，這些圖案都是「細炕圍」的附加裝飾，具有錦上添花之美。畫空也稱「池子」，是炕圍畫的點睛之處。有長方形、圓形、菱形、扇形等多種形式。其中畫有人物、花鳥、山水、風景等，繪畫手法吸收了國畫的工筆重彩、水墨寫意和民間的木版年畫，月份牌畫的優點，成為一種多元並存的藝術形式。

炕圍畫的題材十分廣泛，都有農村百姓婦孺皆知的成語典故和歷史故事，例如《孟母三遷》、《孔融讓梨》、《搖錢樹》、《打春牛》、《狀元遊街》、《男十忙》、《女十忙》、《包公上任》、《沈萬三打魚》、《二十四孝》等；更多的則是家喻戶曉的戲齣，如《八仙過海》、《牛郎織女》、《白蛇傳》、《樊梨花》、《空城計》、《李逵奪魚》、《三打祝家莊》等等。此外，花鳥畫也是人們喜愛的，常畫的有「牡丹富貴」、「孔雀開屏」、「荷花嬌豔」、「鴛鴦比翼」等，真是花團錦簇、無限春光。

試想，一家人聚在炕頭上吃罷晚飯，爺爺奶奶喝著熱茶，媳婦納著鞋底兒，孫兒弟女圍坐在炕頭上，伴隨著如夢如幻的燈光，靜靜地聽著老人們一遍又一遍地講解炕圍子畫上的故事。此情此景與現代一家人坐在一起看電視

連續劇,當是一樣情趣。

　　炕圍畫出現的歷史可以上溯至晉唐時代,唐代詩人李商隱也在《人日》一詩中也提到:「縷金作勝傳荊俗,剪紙為人起晉風。」可以推斷,彼時的人們已開始用剪紙來裝點門窗、床圍了。

這是民間藝人正在採用手工油漆彩繪製炕圍子畫,內容豐富、色彩豔麗,構圖簡約,即保留有宮廷古建築的裝飾風格,又充滿樸實的民間情趣。

這是陝西農民窯洞炕圍子上的剪紙畫,五彩斑斕、匠心獨具。充份地展示了民間母體文化的承傳與光輝。

此外，建築彩繪對炕圍畫的影響最大，山陝地區歷代古建築林立，彩繪高手輩出，他們把自己擅長彩繪宮廷、廟宇、亭臺樓閣的圖案，引入民間炕圍畫中，極大地豐富了炕圍畫的藝術表現力；民間木版年畫也為炕圍畫提供了豐富的「藍本」。清代晚期至民國期間，凡經銷年畫、炕圍紙布的店鋪，一到年節總是人頭湧動、擁擠不堪。生意興隆，無與倫比，炕圍畫行銷關內、關外，甚至遠銷蒙古、蘇俄。

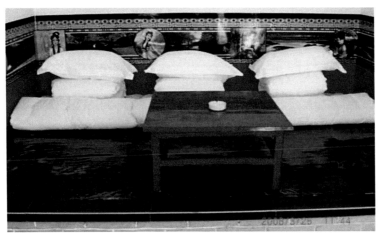

這是山西洪洞縣為開發民間特色旅遊，而重新布置的「大炕」賓館，風格濃鬱，特色鮮明，頗受遊客喜愛。

這裡說的都是紙製的炕圍畫，而用彩漆畫的炕圍子就不是這樣了，必須請鄉間專畫炕圍的畫匠到家裏來畫。這些畫匠索要的工資高不說，還很難請上門來。人們得到處打聽，哪裏的畫匠最好，工錢多不多。農村人對工錢的理解是除吃飯以外的，對現錢還是相當在乎的。

畫炕圍的都說自己的祖師是吳道子，當初把畫筆傳下來的時候就囑咐過，畫畫時不許喝酒，喝了酒，犯迷瞪，就把畫中人物的精氣神兒給嚇跑了。不過，全部畫完，結了工錢之後，還是要加上兩個菜、一壺酒，喝個迷迷糊糊再告辭上路。

每當新房落成，新炕盤就，主家就約請當地有名氣的炕圍畫匠上門作畫，畫工完畢後，主人十分珍惜，常用透明紙或塑料薄膜罩遮其上，更多的人家則用桐油或清漆罩刷一通，使其保存年久，鮮豔如新。

農村中的火炕大多連著鍋臺，鍋臺牆面處，面積較大，因而成為畫匠顯露拿手本領的最佳位置，百姓稱其為「鍋臺畫」。一般而言，鍋臺畫多彩繪吉

祥如意的傳統圖案，如「蓮生貴子」、「錦上添花」、「四季平安」一類。也有在風箱上方供灶君的位置另闢園地，這都是炕圍畫的延伸。

炕神

前邊已說，鄉人們在美化居室的同時，裝飾炕圍子是一項不可或缺的大工程。尤其是辦喜事、娶親，裝飾洞房，把火炕美化得喜慶、紅火、溫暖而神祕，是件頭等重要的大事。洞房的大炕上不僅被褥枕席、桌机櫃櫥全堂一新，炕圍子、頂棚花、窗花，也都要飾滿象徵百年合好的圖案，如「鴛鴦戲水」、「瓜瓞連綿」、「連生貴子」、「富貴宜男」，寄託對新人美好的祝願。

灶王爺、灶王奶奶是一家之主，也是灶上的尊神。他負責照顧和監督著平民之家的生計、健康乃至日常行為和道德操守。它本身不屬於灶頭畫，但它是家家灶頭必供的神主。

舊日，如果請畫匠們來畫洞房的炕圍子的話，有些事情是一定要講在前頭的。一是畫不畫「炕神」？如果畫，則要再加兩成工錢。既然是畫洞房，為了下一輩人丁興旺，當然要畫「炕神」。據筆者所知，一些地區的「炕神」都是畫在暗處的。所謂暗處，就是在炕頭靠近灶眼兒進煙口的牆犄角。因為一燒炕，那兒先熱，一熱熱一宿，圖的就是這個「熱」字的吉利。

　　畫匠在畫之前要打一個紅底子，上邊畫上一對赤條條正在「妖精打架」（性交）小人兒。有的畫匠還在一旁另畫上一個「屌神」。「屌神」前邊還要畫上三柱香，祈其賜福。畫完後，請本家主事之人驗過無誤後，就在灶膛裏加上一把柴火。趁著牆熱，在畫上罩上一層清漆。而後就去吃午飯。飯後，油漆烘乾了，再在原畫上面再刷上一層調過膠的大白，這樣，「炕神」和「屌神」從此就退居二線「垂簾聽政」去了。

　　事後，畫匠師傅開始正常工作，先從炕尾畫起，一直畫到炕頭。畫到遮蓋著「炕神」和「屌神」的地方，畫匠一般都在上面畫上一幅「麒麟送子圖」，以圖吉祥。筆者在上世紀七十年代，參與文化館系統的鄉俗考察活動時發現，大凡在炕圍畫「麒麟送子」的下邊，都藏有「炕神」「屌神」的造像。

這是陝西農民剪紙藝術家精心剪製的《炕頭娘娘》，純樸明快之中蘊含中動人的莊重。這種人神合一的形象給農家的火炕也增添了神聖和莊嚴。

　　其實，所謂的「炕神」就是「春宮兒」，也就是「床公床母」。我國民間祭祀「床公床母」由來已久。據考，宋朝就已流行這種風俗。如宋刊《除夕雜詠》上便有：「買糖迎灶帝，酌水祀床公」之說。床公即床神，床神是夫婦二人。祀床神與迎接灶王爺，是前後腳一起進行的，都在農曆臘月。當時這一套祭祀，在皇宮大內也很流行。

　　宋人曾三異的《同話錄話》說，翰林崔大雅夜晚在翰林院值班，忽然宮

內皇上降旨讓他寫一篇《祭床婆子文》。崔翰林接旨後，「惘然不知格式」。他連夜趕到周丞相家中去討教。周丞相告訴他，可以套用民間的格式來寫，既：「皇帝遣某人致於床婆子之神曰，汝司床簀，云云。」崔大雅如釋重負，便照貓畫虎地起草了一篇祭文。後來，人們常說的「男茶女酒」一詞，指的就是床婆貪杯，而床公好茶。彼時，新婚吉日祭「床公床母」是必不可少的。新郎新娘在洞房同拜床神的習俗，迄今還在山陝一帶流傳。為的是希望床神保祐新婚夫婦如魚似水，如糖似蜜，姻緣圓滿，日子合美。

只不過，畫在炕犄角裏層的那幀「妖精打架」般的「炕神」，因有傷風雅不能公開展示；可以公開拜祭的則有用木版印的圖畫。「炕神」由本家從市上「請」來以後，供在堂屋。畫上的床公床母都是衣冠楚楚、攜兒帶女、笑容可掬的賢良方正。

這兩幀「床公床母」出自隴西和山東一帶。這兩個神仙在中國所有祭奉的民間神祇中，是一對最有人情味的尊神。他們頭上不戴官冕，身上不穿蟒袍，手中不捧牙笏，四周不見祥雲。而是夫唱婦隨，兒女滿堂，與平頭百姓無二。

「床公床母」是何許人？據說，他們是周文王夫婦的化身，官名稱「九天監明生素真君和九天衛房聖母元君」。周文王姓姬名昌，是西周王朝的奠定者，他活了九十七歲。《封神演義》稱：姬昌本有九十九個兒子，後又於燕山收養了雷震子，湊成百子之數。所以民間傳說周文王夫婦生有百子，是多子多福、兒孫滿堂的楷模，以此受到世俗的頂禮膜拜。

至於「屌神」，一般都說它是如來佛的執事官韋馱所執金剛降魔杵的化身，取其「降魔一杵、天下太平」之意。其實，它是男性生殖的崇拜圖騰。代

表這類圖騰的天然石柱、石峰，在我國民間分布很廣。最有代表性的是臺灣的那個「大屌神」，它是一根陰莖形狀的石柱子，旁邊石碑上的銘文寫得也很直白：

維爾屌神，人類之英。

性本溫順，見色乃挺。

風流人物，禍害之根。

傳宗接代，無我不靈。

男女不孕，請找此君。

宜乎永享俎豆，垂萬世以長榮。

這一重意思，是與大陸民間「炕神」是同一個道理和目的。

這是臺灣臺中九族文化村中供奉的「屌神」，它的左側石牆上刻著著名的《屌神銘》。

在舊日的鄉俗中，人們用「後門畫」和「箱底畫」作為對新婚男女進行性啟蒙教育的一種手段。「炕圍子」也起到了一種「視屏」的作用。所謂「後門畫」和「箱底畫」，是一種用木版印製的「春宮畫」。據現存的老木刻版畫佐證，這類圖畫一般高八寸，長三尺，上邊印有「男女交合之圖數款」，「立坐抑伏的姿式各不相同」，也稱「春條」、「春冊」。彼時，民間畫坊都有印製，畫鋪也都有售賣。有不少地方時興在新婚之夜，眾人鬧完洞房之後，由本家兄嫂

將這種「春條」用漿糊輕點四角，浮貼在窗臺下的炕圍子上（浮貼就是不用黏牢，為方便新人揭下，而不破壞炕圍畫的美觀），稱為「床公床母壓炕，新人和諧到老」。方便新人看到，可以按圖索驥，以行「周公之禮」。

另有一說，在坑圍子裏層畫「春宮兒」，並非教唆男女房事，而是怕灶神施威，釀成火災。把它畫在灶口煙道處，是為了防災避火，所以也叫「避火圖」。

舊社會家家都離不開此物，商家對此猶為重視，櫃檯、賬房、棧庫的秘密處，都要放置春宮兒畫，以為「避火」之用。喻血輪在《綺情樓雜記》中說：火神是位閨閣淑女，她有婢女三十六人。因為犯過天規，被玉帝降為灶下婢，專門掌管人間火事。平時她身著黃衣；發怒的時候，則身著紅衣，這就表明火災快要發生了。此婢所過之處，一切都會燒得乾乾淨淨。自此推理，火神既然是位未婚的老閨女，所以，她視男女房事最為齷齪。她一但見到有男女交合之態，或是聽到有男女淫穢之聲，就避到遠遠的地方去了。因此，凡放置春宮兒的地方，也就起到了避除火災的作用。

放置「避火圖」如同張貼「小心燭火」的告示一樣，禳災避禍。民國初大藏書家葉德輝，他在自己藏書樓的書櫃前後，以及元明善本圖書中，都要夾入一張春宮兒，也是圖個吉利，避免火災。這樣回過頭來再看民間的「炕神」、「屎神」也就不足為怪了。

這是一部山東民國初年坊間印行的《避火圖》卷，彼時是鄉鎮農村十分流行的對象。

炕箅子

東北有句俗話：「四合院、口袋房、萬字炕、隔扇牆、煙囪生在地面上。」很生動地寫出了那裡民居的特點。其中所說的「隔扇牆」，指的就是炕箅子。

在屋子裏的「長炕」、「連二炕」、「萬字炕」上，有一個很特別的設施，就是炕箅子，它是一種可以開合、折疊的，類似落地的木隔扇。不過，它並不落在地上，而是吊落在炕的中間，它與炕同樣寬窄，「箅子」放下來的時候，就把長長的大炕一分為二了。

炕箅子與木隔扇的結構相近，下半截的木雕裝飾也很考究。它的設置保證了小一輩人生活的私密性。

「箅子」上端刻方塊式花格等裝飾圖案，講究的，上邊刻有花鳥魚蟲、山水人物。內容也多是「花好月圓」、「梅蘭竹菊」、「年年有餘」、「二十四孝」等。「箅子」的下部則為實鑿的木板。白天，箅子可以折疊或是上旋掛定，使口袋房內的空間開敞。到晚上，家中的人回來吃過晚飯，再將其放下關閉，炕上的空間就被適當分隔開來。公公、兒媳婦，大伯子、小叔子、嫂子、弟妹，各家睡各家的，誰也不礙誰的事兒。箅子上半截兒依然通透，所以，南、北兩炕之間的空間仍然是一體的。

　　算子的作用就是為了「隔老又隔小」，成為分開同居一室的「代溝」，保障夫妻生活的私密性。前邊說過，這種口袋房房屋裏的安排有以西為尊的習慣。西屋為上屋，是家庭主要成員起居的所在。東屋為晚輩住處。居住的位置，西屋以南炕為尊位，是上座，是家庭中輩分高的主人和妻子在那裡起居。西炕為第二位，是客座，是來了親友賓客居住的，也是平時孩子們起居的地方。北炕為第三位，是兒子、兒媳的住處。炕櫃放在南炕的炕稍上，媳婦結婚的櫃放在西炕靠北牆的炕梢上。

　　南北炕的中間設置了這種「算子」，把不同輩分的起居分開，說話、辦事兒、換衣裳，也就方便得多了。再不然，就是在炕的中間再扯上一道帳子，白天疊起來，晚上再掛上，也不失為一種方式。所以，很多口袋房的大炕上都懸有一柄長木杆，那便是掛帳子用的。

此圖為東北地區對頭炕所用的幔帳，幔帳杆裝在屋子裏山牆正中間。晚間放下帳幔，如同打上了隔斷。白天撤去帳子，屋中依舊顯得很敞亮。

　　小一輩的娶了媳婦，因為住的緊張，睡在一間屋裏，日子不好過！北炕住了新婚的小夫妻，夜晚睡覺的時候把幔帳拉開，北炕就和南炕做了形式上的隔絕。遺憾的是，幔帳可以阻擋視線，卻無法阻隔聲音！年輕的壯漢和俊俏的媳婦一再小心，喉嚨也難免會在激情下傳出動靜，南炕年齡小的孩子便會咯咯地笑個不停，年齡稍大的小子渾身燥熱，翻來覆去難以入眠，老頭兒會咳幾嗓子，老太太便會拿著笤帚疙瘩敲一敲炕沿，北面就沒了動靜。然而只安靜了一會兒，聲音又隱隱傳來，老太太就再敲！這一夜，常會在敲敲打打的對峙中度過。

　　此外，長炕上邊還有一根棚杆。這種棚杆是吊在南炕上方的天棚上，專門懸掛悠車用的。關內人說東北有「三怪」：「窗戶紙糊在外，十七八歲的大

姑娘叼煙袋，養著孩子吊起來」。這三者都沒說錯。北國的冬日風雪交加，奇寒無比，西北風一刮，真如刀子割肉一般。窗戶裏邊糊紙，外邊也糊紙，糊的是高麗紙。這種紙有橫紋，厚實有勁，含棉絮多，勁得住風雪的摔打。冬日漫長，大姑娘凍得出不去屋，除了在炕上幹活兒，拿什麼解悶兒，抽旱煙唄。小孩子一生出來就睡搖籃，也是美滋滋的。在東北這搖籃就是吊起來的悠車。農家把悠車掛在房梁或棚杆上，搖起來十分輕便。母親，坐在炕上騰出一雙手來做活，用一隻腳時不時地蹬兩下悠車，就能把孩子忽悠著了。

吊在棚杆上的搖車，給嬰孩帶來無數甜蜜的夢幻，給勤勞的母親也帶來無數的歡樂和溫馨。

炕環子

炕環子也叫炕鉤子，這是山西、陝西一帶鄉民火炕上必備之物，其形狀是一根合股對扣著的一個鐵釬子，扣頭上套著一個鐲子大小、圓圓的銅環或鐵環。這個炕環子是在蓋房子的時候，事先嵌入牆縫子上的。位置一般是在炕裏靠窗臺的下邊，也有的是嵌在炕裏靠山牆的犄角處，離炕有一尺多高。沒孩子的時候，炕環子就閒掛在那兒，有時，老娘們合線搓繩時還用得著。有了孩子後，這個環了上就總拴著一條二尺多長的紅褲腰帶。

不瞭解炕環子的就納悶，這是個什麼東西？是幹什麼用的？壞小子們便擠眉弄眼地說：「這是拴俺嫂子腳脖子的。」一句話會惹得他嫂子舉著鞋底子，追著搧他耳光子。壞小子會捂著腦袋，一邊跑，一邊討饒。其實，這只磨得蹭亮的炕環子是用來拴小孩子的。小孩子長到八、九個月的時候，會爬

了，這時候最黏人。大人來不得一絲疏忽大意，稍不留神，他爬到炕沿上，會掉到炕下去。有的地方，炕連著鍋臺，掉到鍋臺上就更麻煩了。燙壞了孩子的事兒經常發生。如果用褲腰帶一頭拴在孩子的腰上，另一頭拴在炕環子上，就安全得多了。大人騰出手來，還能幹些家務事兒。別看炕環兒不大，還是蠻實用的。

炕環兒雖小，但很實用。把剛會爬行的小孩子拴在環上，大人可以去忙一些家物。小孩子也落得個有安全保障的自由。

在西北地區的農村中還流行一種壓炕磚。是一塊是有十來斤重的整磚，磚上還雕塑著花朵圖案，磚的一頭有一個圓洞，也是用來拴孩子之用的。筆者在寶雞的農家炕上還看見過一塊大石頭，石頭上面還刻著一仰一伏的兩個赤條條的人物，顯然是個春意兒。只是年頭久遠，人物被摩挲得看不出細部，當地人稱為壓炕石，其意義大概與「炕神」的性崇拜有關。但在這一仰一伏的兩人中間形成的圓孔，正好用來拴褲腰帶、繫孩子，作用與壓炕磚、炕環子是一樣的。只不過它比炕環子要靈活了許多，放在什麼地方都可以，會爬行的小孩子是扯不動它的。

炕獅子

在黃河以北農村的農家大炕上，大都擺著一尊石頭雕刻的炕獅子。炕獅子的形狀有大有小，通常最大的不過半尺多高，三寸多長，有的獅子像條狗，有的像只貓，古怪乖巧，活潑伶俐，既好玩又好看。石獅的底部是一個石座兒，獅子的前後腿蹬在石座上，中間的襠部留下一個拴腰帶的圓洞，是用來拴小孩的。有的石獅子因長期煙薰、手摸，表面已變得黝黑髮亮，有的因多年風化與磕碰已布滿裂縫或殘缺。

陝北有民謠說：

財東房上有獸頭，米穀涯水不外流；

衙門石獅大張口，守著官家旗杆頭；

百姓門口獅獅頭，看家守院賊不偷；

俺家炕上獅子頭，看著婆姨走不丟；

拴著娃子在心頭，平安長大魂不丟。

山陝一帶農家炕頭上擺放著的炕獅子

那裡的老百姓說，炕獅子能「看老婆帶孩子」，要是有野漢子爬上炕，石獅子會咬掉他的毬；要是孩子生百病，獅子會護著他過灘頭。

此外，老百姓相信他家的石獅子，除了避邪鎮宅，還有「拴娃娃」的功效。「拴娃娃」應驗「宜男之兆」，可以使他家子子孫孫，人丁繁茂。鄉下貧窮落後，醫療條件差，兒童成活率低，所以有關保護子嗣的傳統觀念格外濃烈，拴娃娃的風俗也就一代又一代地流傳了下來。

娃娃長大了，炕獅子還可以壓炕席、壓鞋樣子用，也有放在躺櫃上當鎮物保著錢財。冬天，家里人有個頭痛腦熱的，可以把它放在灶上烤熱了，用布包起來放在被窩裏暖腳、暖胃、發發汗，這時，炕獅子還能起半個郎中的作用。

四、炕的燃材

說到這兒，順便再談一下舊日燒火炕取暖用的燃材。

柴禾

古代先民燒火炕用的都是些是處可見的柴草，也就是「柴禾」。把柴禾點燃之後，就產生了「甘柴烈火」的效應，用以煮食、燒烤、取暖。例如，三國時期的大才子曹植在《七步詩》中說：「煮豆燃豆萁」，就是用田間的豆萁、豆蔓、豆秧當「柴禾」，煮豆子。後人用這類柴草燒炕，自然也不是奇怪的事。直到近代，北方農村也都是用「秸桔」、茅草、籐蔓、枯葉等可燃物來燃灶燒炕的。這種燃材有一個缺點，就是著得快、熄滅的也快，不經燒，水過地皮濕，熱力不持久。但是，它的優點是就地取材，隨處可得，經濟實惠，用之不竭。清嘉慶年間刊行的《燕臺口號》中，有一首無名氏的《竹枝詞》寫道：

> 嵇康飯灶事堪師，土炕燒來暖可知。
> 睡覺也須防炙背，積薪抱火始燃時。

詞中說的「睡覺也須防炙背，積薪抱火始燃時」，就坦誠地指出了用「積薪」燒炕的缺點，它在「始燃時」最熱，此時脫光了睡覺，一定要提防別把脊背炙傷了。待這股熱勁兒過去之後，炕上的溫度便會徑直地降了下來。

北方廣大農村中的農民把「打柴禾」當成一件終身的勞動，他們
在清晨「遛彎」、傍晚「散步」，上工的路上、下田歸來的路上，
都順手收拾柴禾，用兩個肩頭扛回家去，用來燒火燒炕。

這盤火炕的煙道並不與灶臺相連，冬日取暖，可用柴禾直接在炕
洞點燃。缺點是屋內煙薰火燎，煙灰四濺，污炕污物，不太衛生。

劈柴

此外，還有一種燃材，宋代俗稱「榾柮」，現在則稱之為「木頭疙瘩」或
是「劈柴」。宋刊《彥周詩話》中載有一首原本題在嵩山峻極院牆壁上的詩。
詩是這樣寫的：

> 一團茅草亂蓬蓬，驀地燒天驀地空。
> 爭似滿爐煨榾柮，漫騰騰地暖烘烘。

據說，原詩的字跡十分撩草，也沒有下款，作者是誰，也不知道。詩中的意思是說：「一大團蓬鬆的茅草，只要一把火就烈焰騰空，立刻燒個精光。可是把一塊一塊的木頭放在火裏，則燒得火頭兒既旺，持續的熱勁兒也特別地長。」司馬光老先生對這首詩特別重視，他曾在原詩旁邊用隸書題了「勿毀此詩」四個字，目的在於提醒人們辦事情勿學蓬草，要「務實」，不可「務虛」。

當然，他是站在政治家的角度來看待不同燃材的。此詩被後人編入《千家詩》，作為警句代代相傳。其實，原詩未必不是由某個老和尚在燒火炕時，因為使用了不同燃材，而獲得了不同的直觀印象，他覺得用木頭燒炕比茅草強得多，便順手寫了下來。即興之作，本無深意。

在普遍節儉的農人眼裏，用劈材燒炕是一種很奢侈的事情。但劈柴火頭硬，燃燒持久則是不爭的事實。

當然，用木柴燒炕的效果自然更好，只是貴了些，不太經濟，彼時的貧下中農大多用不起。而且燒木材，本身就破壞綠化和生態環境。有些學者說，西北黃土高原的赤裸所造成的嚴重水土流失，就是與我們的老祖宗燒火做飯、燒炕取暖，過度地濫砍濫伐，有著相當直接關係的。

糞餅

在靠近內蒙一帶的農村裏，人們用牲畜的糞便做燃材，也是十分常見的事情。當地的人們把牛、馬屙出來的一坨坨的糞便收拾起來，攤成圓圓的糞餅兒，在太陽底下晾乾，摞起來收好，用它當肥料，用它來燒炕，那真是一頂一的好東西。

這種糞餅的構成，是由牲畜的咀嚼，再通過它們的腸胃千回百轉地過濾，除盡各種可以吸收的物質，無意中加工出來的纖細易燃的纖維質。當它做為燃材燃燒起來，火頭兒又炆又熱，燒的時間還特別長，提供的熱能也特多。要不是十冬蠟月、嚴寒大冷的天氣或是來了親家客人，人們還真捨不得用呢！

鄉人們把牛馬的糞便精心有序地攤在門首或貼在牲口棚四周的牆上，遠遠望去斑斕有致，別有一番風情。

只是糞餅在燒著的時候，會散發出一種說不來出的酸腐味兒，從來沒聞過的人可能真受不了；而自小生活這種味道中的人，卻又離不開它。他們說：在這種味道的薰陶下，吃東西，吃嘛嘛香；要是上炕睡覺，一沾枕頭就著，從來也不會失眠。

煤

還有一種好的燒炕燃材，那就是煤。在柴薪缺乏的地區，特別是產煤較多、煤價又便宜的地區，例如北京、天津、保定、開灤、棗強、興城一帶的城鎮，都是用煤塊來燒炕的。

《帝京歲時紀勝》一書記載：「西山煤為京師之至室，取之不竭，最為便利。時當冬日，炕火初燃，直令寒谷生春，猶勝紅爐暖閣，人力極易，所費無多」。《水曹清暇錄》中也說：「燕地苦寒，冬時比戶皆臥熱炕，西山之煤價不甚昂，頗獲利濟。」所以，清代市井刊行的《續都門竹枝詞》中有學秋氏寫的一首《竹枝詞》，詞中寫道：

搖將煤城作煤球，小戶人家熱炕頭。

婦子三冬勤力作，攢花通棗夜無休。

舊日，從門頭溝煤礦往北京馱煤的駱駝隊，這些煤主要
供北京市民燒火做飯和燒炕取暖之用。

　　我國古代不少詩人都有睡火炕的經歷，他們對煤火炕有著一種獨鍾的情
感。儘管題材俚俗，但也不乏佳作。金代大文豪趙秉文（1159～1232），河北
磁縣人，官至禮部尚書）在他所著的《閑閑老人滏水文集》第五卷中，就有
《夜臥炕暖》一詩，詩中有句云：

　　　　京師苦歲寒，桂玉不易求。

　　　　近山富黑壒，百金不難謀。

　　　　地爐規玲瓏，火穴通深幽。

　　　　長舒兩腳睡，暖律初回鄒。

　　　　門前三尺雪，鼻息方齁齁。

　　這首詩很直白淺顯，但又十分生動活潑。直截了當地表達出詩人對暖炕
的鍾愛。他說：人們在暖和的火炕上伸直雙腿，舒舒坦坦地睡大覺，暖氣傳
遍全身，真是一種難以言表的愜意。這種與「門外三尺雪」相較之下的隱含
對比，把人對煤火炕的喜愛，躍然紙上。

木炭

除此以外，用來燒炕的還有一種貴重的燃材，那便是木炭。搞文字研究的專家，常用「炭」和「煤」兩個字認哏，說是倉頡老先生在當初造字時，把這兩個字的讀音搞顛倒了，「炭」應該是「煤」，「煤」應該是「炭」。為什麼呢？中國字出自象形，您看「炭」字，是「山」下的「灰」，那不應該是「煤」嗎？而「煤」字，是用「火」燒過的「甘木」，那豈不應該是「炭」嘛！說是玩笑，也並非全無道理。但人們使用的炭，用木頭燒製出來，是絕對無誤的。

炭工這一行很苦，砍山伐木，起窯燒炭，天寒地凍，挑擔送炭。而自己食不果腹、衣不禦寒，黔首墨面，形容枯槁，還被人欺凌嘲弄，外號稱作「炭黑子」，成為社會最底層的一群。唐代詩人白居易有《賣炭翁》詩寫道：「賣炭翁，伐薪燒炭南山中，滿面塵灰煙火色，兩鬢蒼蒼十指黑。賣炭得錢何所營？身上衣裳口中食。」

相傳，木炭的發明者是戰國時代的孫臏。孫臏未出道之前，他與龐涓是師兄弟，同在鬼谷先生門下學藝。一日鬼谷先生要考一考他們的智力，命他二人進山去尋找一種「不冒煙的火」。龐涓進山一日，無功而返。孫臏則在山中伐木，而後用火焚燒，燒至一半，用土覆埋。第二日進山，將土翻去，取出燒黑了的木頭，重新點燃，就是不生煙的木炭。所以，炭行的人皆供奉孫臏為祖師爺。

在古代，以炭代薪是件奢侈的事，因為炭的成本高，價格貴。而且木炭是以其材質不同，價值也很不同。舊日，達官顯貴和帝王家燒火炕，用的是硬雜木燒製的「紅羅炭」。金易先生在《宮女談往錄》中寫宮中用炭：「有兩個

品種，一種叫白骨炭，這種炭燃燒的時間長，有火力，燒完後完全是白灰，所以叫白骨炭。但火上來得慢。另一種，比較細，炭的橫斷面呈好多的小碎花，由中心向外一層層地擴展，像菊花瓣一樣，叫菊花炭。」這種炭出在大興、固安一帶，燒好了，按一定尺寸鋸好，放入紅泥塗封的小荊條簍中，送到府右街惜薪司大紅羅廠的炭庫中存放，專門供皇宮燒炕使用。

在漫長的冬季，皇宮各處用炭也是按例分配的。依據《清宮檔案》記載：嚴冬時節，每日供應木炭的標準是：皇太后一百二十斤；皇后一百一十斤；貴妃九十斤；妃七十五斤；公主三十斤；皇子二十斤；皇孫十斤。

古人記述用炭燒炕取暖的文字很少，生動之後潑者更屬鳳毛麟角。不過在清刊《北平風俗類徵》中，記有方朔寫的一首用炭燒炕的《暖炕詩》，十分生動。是一首研究中國「炕文化」的寶貴資料，詩寫得較長，但文字珍稀，故全文錄之於下：

> 燕山之寒南所無，十月重襲已擁狐。
> 白日乘風面似割，夜氣一肅尤徹膚。
> 欲臥又畏衾似鐵，獨坐往往依紅爐。
> 主人慰予勿復爾，有炕胡不生火乎？
> 予初恐熱且蒸濕，快意不妨圖須臾。
> 版炕三尺掘至地，磚門八寸開如竇。
> 石炭布滿木炭引，焰一發處光騰舒。
> 覆以石塊使之下，地風盛扇地火嘘。
> 始猶直入響習習，繼乃橫出煙徐徐。
> 三入三出熱已徧，美哉衾枕皆溫如。
> 乍探曲躬即可免，再眠□□猶能除。
> 三更轉漱略為渴，幾次將痰消成酥。
> 美滿飽得雙喜乍，一夢不知遊華胥。

此詩描寫一個初到北方的南方人，對北方冬天的寒冷尚不習慣，白天冷風割面，夜晚寒氣刺骨，想睡覺怕衾被冷如鐵，只好依傍煤爐獨坐，十分的尷尬。但是主人告訴他，儘管天氣很冷，但困難很好解決，只要把煤火燃燒起來就行了。在主人的幫助下，木炭著了，地爐點起來了。過了一小會兒，火炕就燒熱了。不論是枕頭還是衾被，都是那樣的溫暖宜人。這樣一來，詩人不僅沒有被寒風所凍，反而在暖和如春的火炕上睡個好覺，又做了個好夢，

真是舒服極了。他對這樣的火炕很感興趣，喜愛有加。高興之餘，甚至忘記這是在寒冷的京華。

不過，他們燒的可能是普通的炭，一般平民百姓是用不起紅羅炭的，而楊木、柳木、山荊燒製的炭質量不佳，往往還會出現一氧化碳中毒的事情。

清代詩人褚維塏在《燕京雜詠》中寫道：

安排衾枕臥無床，土炕家家砌麴房。

移置磚爐深夜靠，貫燻煤氣當焚香。

老北京的習俗中，冬天家家堂屋杌案上都擺放著幾串冰糖葫蘆。曹禺寫的名劇《北京人》，糖葫蘆還是挺重要的道具之一。細考起來，除了冰糖葫蘆可口好吃之外，還有一項重要的功能與火炕有關。據說，它可以防止煤氣中毒。筆者原以為此說十分荒唐，並不可信。近來讀書，還真找出了此說的依據。清末敦崇著的《燕京歲時記》中記載：「冰糖葫蘆係以竹串串起葡萄、山藥豆、海棠果、山裏紅等，浸在冰砂糖中做成的甜食，柔潤香甜，冬夜食之，可防瓦斯中毒。」瓦斯係舶來語，即是煤氣。吃冰糖葫蘆可以防止中煤氣，言之鑿鑿，是彼時一種很流行的說法。至於其中有多少科學性，尚有待研究。

五、炕上器具

炕桌

　　炕桌是北方農村生活必備的一種家具。它的形制和普通桌子相同，只不過矮了很多。四條腿只有一尺多高，大致可分為無束腰和有束腰兩種。一般是放在炕上供人們吃飯、做活兒、寫字時使用。它的結構樸實大方，靈巧方便。常言說：

　　　　有炕必有炕桌，炕桌供人圍著坐；

　　　　吃吃喝喝閒落可，勝過神仙多多。

　　在農村的日常生活中，炕桌是絕不可少的。

　　　　這是農村家居中最常見的炕桌。由「四鑲三板」組
　　　　成，腿子不高，有帶抽屜的，也有不帶抽屜的。造
　　　　型質樸大方，墩實厚重，頗具古風。

這兩款炕桌比較講究，是用上等硬木製作的。一為直腰，一為束腰，在農村多是經濟富裕之家使用，在城鎮則是榻上之物。而今，這些老樣式已發展成廳室沙發前茶机的新款式。

家住陝西的王素珍，她在《母親的紅炕桌》一文中詳細地描寫了炕桌的「多功能」用途。她說：

解放前我們縣每年十月有個廟會，人們叫它「十月會」。「十月會」期間，十里八鄉的人都會帶上自己的東西去交換，換回自己家需要的東西。我母親賣掉了一匹自己織的「五二布」，換回來一張小炕桌。小炕桌有一尺多高，二尺見方，還與眾不同的帶著小抽屜。平時放在炕上，天氣暖和時，就把它放在院子裏，當小飯桌用，也是母親的工作臺。孩子們每天放學回來後，就圍坐在桌子旁，讀書，做作業，或者描紅、寫大字；入冬後，天氣冷了，紅炕桌被移到熱炕上使用，吃飯、說話、幹活兒都圍著它。入夜後，我的幾個兄弟圍坐在桌旁讀書寫字，母親則就著桌上昏暗的燈光或紡線或做針線活。在這隻小炕桌的陪伴下，在母親的言傳身教下，我們家的幾個孩子在學習上都取得了讓母親自豪的成績。小炕桌見證了我們的勤奮學習、茁壯成長，也見證了母親的能幹、心靈手巧和勤勞善良。

母親的能幹是三村五里的人們所公認的，她地裏場上的活樣樣能幹，至於做飯紡線織布裁衣等等，她更是行家裏手。村里人有紅白喜事時，做壽衣、蒸禮饃，都要請她去指導；誰家有女兒出嫁時，都要請她去做嫁妝。而裁衣、織花布單子、配線、剪窗花等技術含量高的活，更是非她莫屬。我常常在深夜裏醒來看到母親還坐在小油燈下，在紅炕桌上忙著裁剪。如今，墨蹟斑斑的紅炕桌依然在我的老家放著，而我的能幹的、心靈手巧、勤勞善良的母親已經去世

整整三十年了。她的年輕的臉被炕桌映得紅紅的，用手背擦著額角的汗，眼睛亮亮的，永遠微笑地看著我們。

炕桌的用途極廣，吃飯、看書、寫字、做活，樣樣都離不開它。

滿族人家的炕桌與關內大有不同，其中有一種炕桌，桌面中間有一個直徑一尺的圓洞，桌下設火盆，孔中鑲一火鍋，是早年間的火盆火鍋，這種炕桌也叫「火盆桌」。在漫長的冬日，人們坐在熱炕上，桌上有熱菜、熱飯，還有燙熱的燒酒。全家聚在一起吃喝，其樂融融，樂比天堂。那真如白居易的詩——問劉十九：

　　綠蟻新醅酒，紅泥小火爐。
　　晚來天欲雪，能飲一杯無？

這張紅漆插肩硬木炕桌是瀋陽故宮大龍炕上的用品，做工之精，那可就講究極了。皇帝在上邊辦公事、批奏章，喝茶、吃點心。與平民享用的等級別有天壤之別，但炕桌自身的功能則是一樣的。

滿族人家的桌子大多是姑娘出嫁時由娘家陪送的。常見的有大高桌和炕桌兩種。大高桌是放在廚房裏的家具，長約五尺，高約二尺半，寬約一尺八寸，既是桌子又是櫥櫃。早年的習俗是長輩、小孩和客人可以坐在炕上，用炕桌吃飯，而婦女、夥計則在廚房圍坐在大高桌四周用餐。這個大高桌下邊有格板，有拉門，可以向兩側拉開，裏面存放碗、盤、碟、匙等餐具。大高桌的腿特別粗，寬有三寸見方，桌面上用厚木板，厚達有一寸半。所以，大高桌很重，一般是不能隨意挪動的。

炕櫃

生活在都市的人們很難理解炕櫃是什麼東西。而在北方的農村裏，一個好的炕櫃就相當於現在的一套高級衣櫃。炕櫃都是放在大炕上，緊靠著山牆，裏面存放全家人的衣物和被褥。炕櫃多是柴木、柳木、榆木製作，用名貴硬木製作的炕櫃很少。既便有，也都是在城裏體面的家庭使用。

炕櫃一般有四個門，門上有鑲玻璃的，也有全是木頭的。鑲玻璃門的顯得屋裏乾淨透亮，裏面的衣物擺放整齊，一是可以顯出家中的富有，另一方面，更衣時也便於翻找。而木質櫃門則顯得古樸素雅，富不外露。

炕櫃一般是高三尺，長五尺，上邊鑲有大銅合葉。多數櫃面都漆有深紅色油漆，繪有金黃色圖案。被褥疊置於一端的櫃上，稱為「被格」。這種炕櫃底層有四個立柱，均分為五個小隔斷，其中兩側和中間為抽屜，裝有黃銅拉

環。講究些的，外表飾有浮雕的金瓜或連綿的枝葉圖案。以前的農村生活水平不高，大多數人家的炕櫃為木板素面，無雕無刻。櫃面上有黃銅裸釘合葉和銅穗拉手。這些銅件的造型多種多樣，有蝶形、魚形、桃形等變化。

那時候，頑皮的小孩子都喜歡趁大人不注意的時候鑽進櫃子裏去玩，外面的光線透過玻璃照進來，溫暖朦朧，催人如夢。簡單的炕櫃給孩子們帶來很多快樂，大凡農村長大的孩子都有鑽炕櫃、躲貓貓的經歷。

精美的炕櫃也是姑娘們出嫁時的最高陪嫁物。平時一櫃多用，可以以櫃代桌，以櫃代幾，以櫃代案，擺放裝飾對象，敬神上供。晉南有拱蓋式板箱，多為陪嫁物。當地流行的《要陪送》，就是一首有趣的民歌：

> 三月姑娘要嫁妝，兩個立櫃四個箱，
> 椅子板凳兒要全，四匣櫃，亮油光，
> 梳妝匣，畫月亮，坐凳靠椅要一雙。
> 大躺櫃上畫鴛鴦，生兒生女都成雙。

炕櫃上面是放被褥和枕頭的地方，早起將被褥疊好，花面向外，被腰和褥子的鑲邊構成幾條豎線。被褥兩邊是擺放枕頭的地方，一邊四個，枕頭頂向外，紅紅綠綠，五光十色，十分好看。

被褥兩邊是擺放枕頭的地方，一邊四個，枕頭頂向外，紅紅綠綠，
五光十色，十分好看。

炕櫃，不同的地方有不同的稱謂，在長白山區稱之為炕琴，因櫃
臥放在炕上，形狀如琴。在吉林的伊通地區，稱之為疙瘩櫃。在
吉林市一帶稱之謂描金櫃，因櫃上用金線描繪有吉祥圖案。

炕被

被子是人們睡覺時用來遮蓋身體的臥具之一，作用不僅僅在於遮身禦
寒，還包含著豐富的文化意義。

舊日，普通人家的被子是由棉絮，絲網和被裏兒、被面兒四部分組成。
棉絮，是把經過彈得輕軟的棉花按一定規格鋪平、鋪均勻之後，打上一層線
網子，形成一付整套。而後，摺入事先用被裏被面兒縫製好的被罩裏，縫上
被口，再縱向裏行上幾條直線，這樣，一床被子就縫成了。被裏一般是用兩
幅長七尺的白布拼縫在一起，被面，則是根據使用人的好惡，用花的或是素
的花布來縫製。面料也是根據家庭的經濟情況選用布的或是絲的、綢的。在
一般農村，人們大都選用紅花綠葉的大花土布。為了防止被頭被口水和脖子
上的汗漬、油泥玷污，縫好的被子都要再縫上塊四尺長、二尺寬的白布當被
頭。為的是髒了拆下來好洗。

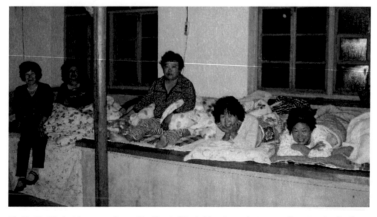

這是民間大炕上一家人擠著睡覺的情形，看似不堪，但也實有一
種富有家庭「凝聚力」的溫馨。

以上說的是普通一個人睡的被子。如果家中有喜事，給新郎新娘縫被子，那講究可就多了。首先是尺寸要大，要用兩幅半的白布做被裏，大小要能蓋住兩個人，叫做「鴛鴦被」，也叫「合歡被」。為了吉利，講究用新裏、新面、新棉花。被面必須是大紅色的，為的是「紅紅火火」，「喜氣迎人」。質地最好選用大紅緞子，上面織有「龍鳳呈祥」、「鴛鴦戲水」。再不濟也得用紅綢子或大紅花布，印的圖案要有「花好月圓」、「八寶吉祥」、「瓜瓞連綿」、「喜鵲登梅」等。如果按照「老媽媽令兒」來說，好事者還要在被角處縫上紅棗、栗子、花生、瓜子等吃食。借的是「早生貴子」、「男孩女孩花搭著生」等等。

其實，這種連床大被並非一定由新人享用，在很多地區的民居火炕上，這類大號的被子比比皆是，不僅夫妻長年合用，有時，連未成年的孩子也都裹在這個大被窩裏。

炕被與被子不同，它是鋪在炕上的一個大褥子。其尺寸幾乎與炕的大小相近（當然，要把炕櫃占去的尺寸去掉）。炕被是夜間睡覺時鋪在火炕的席子上面，為的是把人的肉體與席子隔開，使皮肉的感覺更舒服一些。也使得火炕後半宿的餘溫保持得更長久一些。它的作用是與炕褥子的作用一樣的。

不過，炕被一般都是由舊被子改制的，大多不新，裏邊的棉絮也是陳舊的，被人們壓得像氈子一樣了。平時不拆洗，只是晾曬，破了就補一補，所以，農人家的炕被上常有不少補丁和小孩子尿炕遺下的痕跡。

炕褥子

這裡順便談一下炕褥子。在北方的農村中，一談褥子，指的都是單人的，寬度也窄，只能躺一個人，從來都是有雙人被子，而沒有過雙人的褥子。那麼新婚之夜洞房裏鋪的是什麼？那是新的炕被。

炕褥子有棉的褥子，還有皮毛褥子。皮毛褥子則分羊皮褥子、狗皮褥子。因為農村養狗多，人們鋪狗皮褥子的很多，尤其是上了年紀的老人們，都愛鋪狗皮褥子。他們說：狗皮厚實，毛長絨密，對老年人的老寒腿、關節炎是極有好處。

炕上的被褥，總稱為「鋪蓋」，也就是說「鋪蓋、鋪蓋，既鋪又蓋」，是農人們的主要臥具。早年間，人們的生活水平低，被、褥多以粗布，印花布和自染藍布為之。白布作裏子，有的婦女用各色碎布頭拼接成有規則的花被子、褥子的面，也十分好看。

農家炕上最長鋪的棉褥子。

炕枕

　　枕頭是一個重要的睡眠工具，從現代醫學研究上認識，人體的脊柱，從正面看是一條直線，但側面看是具有四個生理彎曲的曲線，為了保護頸部的正常彎曲，維持睡眠時正常的生理活動，人們睡眠時必須採用枕頭。這一點，不論南方北方、城市農村，人人皆是。人的一生中有三分之一的時光用於睡眠，枕頭自然是人們居家生活中最親密的夥伴。

　　原始時代，人們用石頭或草捆等將頭部墊高睡覺，便於休息、恢復體力。這也是「因丘陵掘穴而處」時，比較原始的枕頭。到戰國時，枕頭就已經相當講究了。1957 年，在河南信陽長臺關一個戰國楚墓裏，出土了一隻保存完好的竹枕。

　　古人對枕頭的功能頗有研究。用之休息、睡眠，稱其為「無憂」；也可以抱之取暖、慰籍孤獨，名之為「啞妻」；還可以用之墊腰、墊臀，以助「周公之禮」。北宋著名史學家司馬光，用一個小圓木作枕頭，睡覺時只要稍動一下，頭從枕上滑落，便立即驚醒，醒之後發奮繼續讀書，他把這個枕頭取名為「警枕」。

　　用來做枕頭的材質非常多。有木枕、竹枕、瓷枕、棕枕、布枕等等。其中以紡織品做面兒，內中放置充填物的枕頭品種和式樣最多。又可以分為布枕、

繡枕、絲枕、錦枕。內中充棉的叫棉枕，填絲的叫絲枕。農村的平民之家的枕頭，製作成方形的可以用於靠坐；製成長型的，可以用於睡覺。

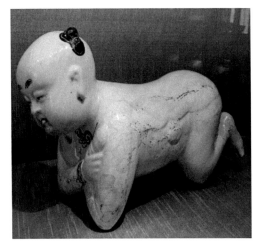

這是一件宋代的瓷枕，選型獨特，生動有趣，夏日安睡，頭枕其上，上下通風、涼爽宜人。既美觀又實用，展示出古代匠人的良苦用心。

老虎是驅邪避災、平安吉祥的象徵，人們把傳說中老虎的勇敢、強悍、吉祥等寓意賦予在老虎枕中，用虎的形象傳遞愛和祝福。老虎枕寄託著長輩們保祐兒童健康成長的美好願望。

　　一人用的枕頭用黑布、藍布做皮兒、兩頭繡以圖案。小夫婦睡的二人長枕，必定繡「鴛鴦戲水」，「荷蓮魚歡」等。小孩用的枕頭，則繡以各種動物造型如蛤蟆、老虎、獅子、魚等，放在炕上，十分有趣。

這是農村火坑上最常見的一種枕頭，高約一拳半，長有一尺半，既可枕頭，又可墊腰，在炕頭上坐累了，還可以用它來墊腿。

　　炕枕的枕芯大多裝入蕎麥皮，秕穀等。李時珍《本草綱目》說：「苦蕎皮、黑豆皮、綠豆皮、決明子……作枕頭，至老明目。」民間有多種多樣的枕

頭，大都以「清火」、「去熱」為目的。蕎麥具有堅韌不易碎的菱形結構，用蕎麥皮灌枕頭，可以隨著頭部左右移動而改變形狀，睡起來十分舒服。

為了強身健體，在睡眠時達到治病的目的，古人還在枕內放藥以治病，叫做「藥枕」。例如用綠豆、蠶屎、苦茶等屬於性寒的藥物充填其內，用來清腦醒目，也頗愜意。「寒頭暖足」是古代醫家瀉實補虛的治療準則，同樣也是一條養生保健的方法。這些方法在農村也很流傳。

炕匣子

在北方農村莊戶人家的炕上，總能看到一兩個糊得精美的紙匣子，紅底兒、綠底兒都有，上邊貼滿了花花綠綠的圖案。把匣子打開，裏邊的圖案因為顏色保護得好，更顯得分外美觀耐看。這類炕匣子，大多數是以硬紙盒為胎，也有用木匣子的，但都是經過重新裝飾裱糊。新的時候，豔麗奪目；使用久了，外表褪了色，四邊磨損了，但依然顯得古樸可愛。

從外表上一看便知，炕匣子顯然是農村女人們的使用之物。它可以當存放繡花用的花樣子、鞋樣子的「樣子盒」；也可以當存放針頭線腦、尺子、剪刀的「針線盒」；還可以當梳妝匣，裏邊存放小鏡子、梳子、篦子、頭繩、網子、髮卡、頭花，胭脂、粉和刨花城之類的東西。

炕匣子是一個精美的工藝品，也是展示女主人心靈手巧的一扇窗戶。它總被放置在農村炕上最顯眼的地方，要麼端端正正地擺在炕桌上，要麼就高高地陳列在炕櫃上。串門子的二大媽、三大嬸一見準保眼睛一亮，嘴裏就不停閒的誇獎糊匣子人的慧心巧手。遇到行家還要端過來仔細瞧瞧，一準先用大襟擦擦手，才小心翼翼的捧在手掌上，反正看過後，才打匣子蓋，評說個一二三來。

在農村，糊炕匣子屬於一種「女兒紅」，它與做繡鞋，繡兜肚是女兒們同一性質的工夫。炕匣子糊得精不精，顏色搭配得好不好、剪紙圖案美不美，裱糊的手工細不細，都展現著女孩的天資與靈性，也表示著小女子的身價和德容。姑娘出嫁前，自己要糊製大大小小的一套炕匣子，裏邊裝滿了女人自己私房東西，自己抱著上轎，作為陪嫁物，一直帶到婆家，從此成了女人「閨中待字」時的記念品。清人有《竹枝詞》寫道：

> 糊隻炕匣到婆家，再無父母呵護娃；
> 常把笑臉對公婆，莫把嬌氣任意撒。

內外用五彩剪紙裝裱精美的炕匣子。

紡車

在農家的炕頭上，平時總擺著一架木紡車，它是農家主婦們日常勞作的
必備之物，幹什麼？紡線線兒嘛！不用說農民百姓，就是位極人臣的曾國藩，
他在《家書》中，也囑咐家中婦女們要認真紡織，甚至還規定了每人每年納
鞋、縫襪的數量。可知，民間婦人紡紗拈線是日常必修的功課。

　　小紡車呀，吱吱呦呦轉，

　　姑姑嫂嫂紡線線；一團麻線三兩三，

　　狀元娃子也能拴。

這是舊日農家人人都會唱的《老媽媽令》。

這種木質的手搖紡車發明得很早，有文字可考的它，出現於元朝元貞元年（1295），黃道婆從海南崖州回到上海烏泥涇時，就帶回了這種紡車，紡車雖小，它對我國紡織業的發展起到了極大的推動作用。

深更半夜，農村的婆婆們還坐在炕頭上紡紗，因為木製轉動關鍵部件沒有擦油，所以有吱吱呀呀的聲音，但很輕微，柔和，一盞豆油燈照著那架極簡陋的紡車，牆上有黑影，影子在作週期性地晃動⋯⋯

元皇慶二年（1313），著名科學家王禎在他的著作《農書》中，全面記述了手搖紡車的作用和性能，它比歐洲在 18 世紀發明的「珍妮紡機」技術領先了四百年。但是，讓人遺憾的是，我國因受到封建社會制度的影響，紡織機械並未得到科學的發展。

這種紡車，一頭是個大輪，另一頭是個尖尖的小紡錘。婦女盤著腿坐在一側，一手續棉，一手搖輪，隨著吱吱作響的輪轉聲，加了拈的線線兒，就徐徐繞在紡錘上。婦女嫻熟的操作充滿了溫馨的詩情畫意。

搖車

搖車分兩種，一種是吊在房梁上的，一種是置於炕頭上的，二者大同小異，可以說它是北方農村特有的產物，現在基本上沒人用了，即使能保存下來，也可以稱為「文物」了。

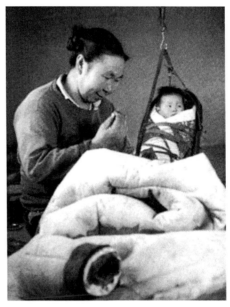

左圖為清人繪《北京風俗百圖》中的悠車圖。婦人坐在炕上幹活兒，一邊用手晃動悠車，什麼都不耽誤。搖車裏的小孩子如右圖一樣，也自得其樂。

前邊講過，吊在房梁上的又稱悠車子，大多在東北地區廣泛使用。車型呈鐮刀形，長約四尺，寬約尺半，高有一尺左右，實木骨架，四周是用薄木板圍成，薄木板先用開水煮軟，然後彎成一個長方形，接頭處用皮繩繫死或用鉚釘鉚死，拼粘牢靠。四個角不是直的，而是圓形的。搖車用四根繩子吊於房梁上，繩子的長短是根據房子高低而定，搖車一般放置高於炕面一尺上下。悠車材料的選擇和使用，後來就越來越講究了。比如用結籽多的樹木做料，如榆木、松木、隱喻著多生兒育女。悠車的四周一般都是畫的山水畫、萬字、福、祿、壽字和古老的求子圖等。

棚杆上繫上兩股呈「V」形的雙股繩，下端安上兩個銅圈，上端繫在杆上。悠車兩頭也各自繫有雙股繩，每股繩上拴有掛鉤，掛在杆上的銅圈上就可以使用。用手一推搖車，搖車便左右搖晃起來。房梁上吊著好多漂亮的兒童玩具，車內的小孩看著玩具十分新鮮，瞅啊！瞅！由於車的晃動，漸漸地就迷糊了，一會便睡著了。這種悠車使用時很方便，隔一段時間推一下即可，等孩子睡著後，就不用搖了。

不用時，把悠車從銅圈上解下來就可以放在一邊。

放在炕上的搖車又稱「逛逛車」，呈長方形，大、小和吊在房梁上的車差

不多，只是搖車底面的兩個堵頭呈半圓形，弧度不大，來回搖動時不至於將車搖翻。大人一邊搖著，一邊反覆唱著些古老的兒歌：

> 小老鼠，上燈檯，偷油吃，下不來。
>
> 貓大哥，接接我，一口把你呱嗒了。
>
> 小小子，坐門墩，哭著喊著要媳婦；
>
> 要媳婦幹嘛？吹燈以後打喳喳。

這種炕上的搖車除了東北地區使用外，關內中原地區也普遍使用。木匠做起來也很費工夫，睡小孩的搖斗兒有用柳條或荊條編製的，也有用薄木板撰出來的。這些搖車為小孩的家長省了不少事兒。

這種搖車用一隻手來回搖動即可，小孩在車內不像在吊車內那麼省事，得晃好長時間才入睡，而且這種搖車內的小孩還好哭，等孩子睡著後，將搖車放在炕頭或炕梢後，大人便可以放心的去幹活了。

油燈

在舊日北方民居的炕桌上，晚間重要的擺設是一盞油燈。油燈的樣式很簡單，一個盛油的掛釉的陶碗，碗口有一個摺有燈芯的燈撚兒，點著燈撚兒，燈火如豆，光照咫尺。這是一種點豆油或是麻油的燈，簡陋非常。更有貧窮人家在牆上掛一個砂箅子，將麻杆陸續插入箅孔裏，點燃照明。忽明忽暗，微若香頭。也有的用草棍串蓖麻仁燃點的，那種光亮可真是「洞中察火」了。

圖中這兩款是舊日農家必備的省油燈。唐元稹有詩云:「爐暗燈光短,床空帳影深」。

這三款分別為豆油燈、煤油燈、和懸掛式煤油燈,是舊時民間通
常的照明工具。不過後兩種燈都是在二十世紀二十年代才流行起
來。而且,懸掛式煤油燈在被時還是很洋派的東西,只有城鎮中
才有使用。人們出行,多有紙燈籠和玻璃風燈。

　　其實,燈,作為照明的工具,只要有盛燃料的盤形物,加上油和燈芯就
能實現最原始的功用。早期的燈,類似陶製的盛食器「豆」。「瓦豆謂之登
(鐙)」,上盤下座,中間以柱相連,雖然形制比較簡單,卻奠立了中國油燈
的基本造型。此後,經青銅文化的洗禮,由於鑄造技術的提高,油燈和其他
器物一樣,在造型上得到了重要的發展,創造了中國油燈藝術的輝煌。從春

秋至兩漢，油燈的高度發展，已經脫離了實用的具體要求，它和其他器物一樣，成為特定時代的禮器，「蘭膏明燭，華燈錯些」，折射了社會政治的規章法度。當然，皇室權貴們所用的那種五花八門的燈具，與平民百姓之用已大相徑庭了。

到了宋代，陶瓷業的發達，各種形制的陶瓷油燈紛紛登場，「書燈勿用銅盞，惟瓷質最省油」。陸游在《陸放翁集》中說：「蜀中有夾瓷盞，注水於盞唇竅中，可省油之一半。」這種「省油燈」在當年市井是一種很時尚的東西，一直流行於我國近代農村，陪伴了無數芸芸眾生，度過著日復一日的黑夜。

北京曲藝團的說書演員在上世紀五十年代創作了這麼一段「快板書」，名子叫《油燈碗》。唱道：

> 打竹板兒，點對點兒，說說俺家的油燈碗兒；
> 油燈碗不起眼兒，祖輩傳留了二百載兒；
> 油燈碗不大點兒，又有油來又有撚兒；
> 擱在俺家的牆上坎兒，牆上坎有塊板兒；
> 上邊燻了個大黑點兒，燻黑了俺家的鋪蓋捲兒；
> 就連屋子都變了色兒。
> 奶奶燈下做針線兒，手上扎了無數個眼兒；
> 媽媽燈下納鞋邦兒，愣把後跟當前臉兒；
> 我在燈下常讀書，如今落了個近視眼兒；
> ⋯⋯

後來有了煤油燈，煤油燈有陶製的、木製的、鐵製的、高約尺餘，分底盤、燈瓶、燈杆、俗稱「燈樹子」。它的亮度就比豆油、麻油亮多了。這些燈給人們帶來了光明。老人們在這種如豆的燈下講就那些古老的故事，母親在燈下做著永遠做不完的針線。大人們則操著粗笨的雙手給孩子們在牆上做出種種簡單的手影戲，一邊低聲地喊著：「狼來了，兔子跑了——；馬來了，狗跑了——。」把孩子們引入神話般的幻想當中。

直到清朝末年，隨著「洋油」的出現，農村用燈才發生了大的變化。

炕爐

農家燒炕取暖離不開木柴、秫秸、山草三項。十冬臘月，經濟富餘一些的家庭還要輔以別的取暖器具，其中便有小風爐和炭盆兩種。

舊日賣風爐的小販。此圖出自上世紀二十年代上海華東煙草公司
出品的香煙畫片。

　　風爐以「不灰木白爐」最為普遍。「不灰木」實為一種礦物質，質似石棉，
色白如雪，遇火不燃，而且傳熱性能好。據《燕京歲時記》上記載：「火爐係
不灰木為之，白於礬石，輕暖堅固……況此木實產易州。」不灰木火爐又叫
小白風爐，形狀小巧秀美，光潔純白，裏面燒炭，支上個爐盤，可以烘烤食
物、支個小鍋燒水、煮茶、烹藥，也很方便。清人在《燕臺竹枝詞》中有《詠
風爐》一首：

　　　　爽氣西山挹得來，圍時漸漸覺春回。

　　　　居人雅有消寒興，酒熟茶香不用催。

　　傳統的紅泥小火爐，俗稱「風爐仔」，高有六、七寸，闊有半尺左右，肚
大口小，容炭旺火。爐面有平蓋，爐門有門蓋，用之取暖也好，烹茶也好，當
火鍋小酌也好，事畢之後，可以把兩個蓋都蓋上，爐中的餘炭便自行熄滅變
成冇炭（音 phànn-thuànn）。下次升火時，還可以當引火用。既安全又節約，
操作起來十分方便，深為大眾喜歡。如此一物多用，堪稱精巧。清初的布衣
詩人陳恭尹在《明末四百家遺民詩》中，有一首詠風爐的《五律》詩：

白灶青鐺子，潮州來者精。

潔宜居近坐，小亦利隨行。

就隙邀風勢，添泉戰水聲。

尋常饑渴外，多事養浮生。

詩中的白灶指的就是風爐，青鐺，指的就是瓦檔。這種風爐極宜製作，成本低廉，售價不高。一般都是民間小窯燒製。出窯後，由小販挑入城鎮售賣。入秋之際，是一樁有利可圖的生意。

人們把炭火裝到一個火盆裏，再把火盆搬到火炕上。火盆是用泥做的，盆壁很厚，盆底也很厚，不會把炕席燙壞。用手撫摩火盆的外側也不燙手，而感到暖暖的。小孩子到室外去玩，感到冷了就回到屋子裏脫鞋坐到火炕裏，圍著火炕取暖。

鐵爐子，一般都放置在屋子中間，靠炕的進處，人們也稱它為「地老虎」，冬天凍腳時往炕上一坐，腳伸在爐火上，立時便暖。爐子也可炒菜做飯。晉西北一帶的地老虎爐體通在地下，爐灰通屋外的地溝，暖和乾淨。

有的家境富裕，不僅燒炕，而且在屋子裏另燒火爐子，火爐子的種類很多，有鑄鐵火爐、鐵皮火爐、泥火爐、地老虎爐子等幾種，但這樣「雙料取暖」的人家在過去並不多，這裡不做討論了。

炕蒲扇

鄉間有這麼一個謎語：「有風不動無風動，不動無風動有風，三冬常在家中坐，三伏之日顯威風。」無疑，它的謎底是把扇子，而且不是的團扇、摺扇，而是頗有威風的蒲扇。

此為北方平民之家在暑季常使用的蒲扇。

蒲扇，又叫芭蕉扇、葵扇、蒲葵扇，是鄉間火炕人家必有之物。無冬歷夏都放在炕頭上、灶塘邊，所以也叫炕蒲扇。炕蒲扇價格便宜，用著皮實，最受勞動人民喜愛。在鄉間，人們暑日納涼、驅蠅逐蚊，來了客人必先奉上一把蒲扇作為招待。還有一大用途，農家燒火做飯或是燒炕取暖，用蒲扇煽風助火，也是必不可少的東西。

清人王廷鼎在《杖扇新錄》中考證：

> 今之蒲扇，江浙呼為芭蕉扇也。棕櫚一種名蒲葵，《研北雜志》稱蒲葵也，乃棕扇耳。以其似蕉，故亦名芭蕉扇，產閩廣者多葉圓大而厚，柄長尺外，色淺碧，乾則白而不枯。土人採下陰乾，以重物鎮之使平，剪成圓形，削細篾絲，雜錦線緣其邊，即仍其柄以為柄，曰「自來柄」，是為粗者。有截其柄，以名竹、文木、洋漆、象牙、玳瑁為之，飾以翠蝶銀花，緣以錦邊，是為細者。通稱之曰蒲扇，或曰芭蕉扇，實一物也。

這篇文字把製作蒲扇的全過程寫得一清二楚。清人屈大均的《廣東新語》則強調，蒲葵要長到八年之後，其葉方能用來製作扇子。蒲扇經濟實用、物美價廉，在農村極為普及，在城中反遭輕賤。清人孫蘭蓀有《貿易竹枝詞》寫道：

> 蒲葵扇，頗不惡；一把在手風在握。
>
> 為何世人用者少？只因價廉遭輕落。
>
> 價賤竟遭世人棄，物猶如此令人氣。
>
> 無怪滑頭個個吹牛皮，身價高抬善做作。

炕鱉子

炕鱉子，俗稱水鱉子，也是農村火炕上的常用之物。主要的用途是冬季取暖。炕鱉子有銅製的，圓圓的，半尺來高，中間有口有蓋、有提梁。主婦把它擦得鋥光瓦亮，在炕上一放，也真是個漂亮的對象。不過，這多是經濟寬裕一些的人家使用的。在普通農家裏，用的則是裏外掛釉的陶製品，樣子跟夜壺差不多，只是沒有那個又長又粗的壺嘴子。

民國初年，市面上出現了陶瓷的炕鱉子，三寸多高，一尺半長，七八寸寬，有白色的、有青灰色的，而有米黃色的。近代，才又出現了塑料的，又輕，又摔不碎，導熱性能也好，很受農村歡迎。其實，橡膠製作的暖水袋出現得很早，價格也不貴，在城裏普及很快，但農村多不使用。老人們都說：「還是瓷的好，看著心裏就踏實。」

農村人常用的炕鱉子，其中有銅製的，磁製的，近代還出現了塑料製品。

使用前，先在灶上燒上一鍋開水，然後用瓢把開水倒進炕鱉子裏面，灌滿後，把塞子擰好、擰牢。冬天用它來暖被窩最好。家中的老人落下了腰痛、「老寒腿」等毛病，更是離不開炕鱉子。夜晚睡覺，用它烘被窩、暖腰、暖腳

是再好不過的東西。冀中一帶有段民謠說得好：

> 炕鱉子，炕鱉子，它是爺爺的好孫子。
>
> 爺爺腰痛暖暖腰，爺爺腳冷抱抱腳；
>
> 老伴兒好，她先走了；兒子好，娶妻了；
>
> 孫子好，他跑了；
>
> 鱉子好，在炕稍；爺爺伸手就摸著。
>
> 鱉子、鱉子，子不子，
>
> 它才是爺的好孫子。

尿盆兒

民間有罵人的歇後語說：「老太太的尿盆──挨滋兒的貨」。尿盆是農村婦女晚間排尿的器物。為了方便，婦女夜晚起夜不出屋子，就在一個專用的小瓦盆，或是在一個裏邊掛釉的小盆子裏解決。因為這種盆兒造型簡單，沒有一定的規制，只要是能盛水就能盛尿。放到第二天早晨，再端出去倒掉。

國人使用尿盆的歷史起於何時，實無文獻可考。到是在明代的《斷烏盆》傳奇和元代無名氏的《盆兒鬼》雜劇中能看到一些端倪，迄今，京劇還在演出此劇，劇名改叫《烏盆計》。故事寫北宋南陽綢緞商劉世昌，攜款回家，途中遇雨，投宿趙大的窯場借宿，窯主趙大夫婦窺其行囊沉重，頓起不良之心，用毒藥將劉世昌害死，並砍為肉醬，雜以泥土，燒成烏盆兒。事隔數年，毫無破綻。適有窮漢張別古到趙大家中討要昔日所欠的草鞋錢。趙大卒以烏盆兒與之。張別古拿著烏盆回家，忽有鬼聲發自盆中，訴冤甚苦，張別古持盆至包拯處告狀，包公准狀，簽提趙大，一鞫而服。為劉世昌報仇雪恨、昭雪了冤情。

婦女晚間排尿的尿盆。

　　這個烏盆是幹什麼用的呢？就是個「屎尿盆」。劇中，張別古為了擺脫烏盆兒的糾纏，把隔夜的屎尿都倒在烏盆之內，於是，引出來余叔岩那段著名的《反二簧》：「劈頭蓋臉撒下來，奇臭難聞我的口難開。」這裡證實了一個習俗，同是瓦盆而用處不同，是以顏色區分的。在農村中，凡是裏邊掛綠色釉的瓦盆，都是盛水和麵用的；而掛黑釉的烏盆，則是用來盛屎尿的。掛黑釉的尿盆屬於穢物，早晨倒乾淨以後，大多倒扣在南牆根兒下，或是扣在豬圈口的背陰處。

這是件比較近代化的瓷尿盆。它的造型比痰桶略有區別，就是上
腰和盆口比較寬闊，便於婦女蹲坐。

　　尿盆是女人用的，男人不用，男人用夜壺。但說來也怪，舊社會凡是考功名的男人，不論鄉試也好，還是晉京會考的，進入考場之後，則不能用夜壺，而是必須用尿盆。這一皇家的規定是遵從那一朝的祖制不得而知，但在每個考生的書案之下都端端正正地擺著一個尿盆兒是真的。

　　民俗學者齊如山先生在他的《回憶錄》中說：「考場中有一陋規，考生可以小便，不准大便。要大便，就得先把考卷上繳考官，而後如廁。但是一回來，考卷便被蓋上印章報廢了。考生如果實在內急忍不住時，就都方便在自己的布襪子裏。所以弄得考場污穢不堪，而且一場比一場臭。」這也是段奇聞，特記在這裡，大家一笑。

　　到了民國之後，作坊中出現了搪瓷製品，除了臉盆之外，痰盂、尿盆也有搪瓷的了。生活富裕些的，就改用搪瓷尿盆，尿盆上有蓋，用畢蓋上，那可算進步多了。

夜壺

晉代「竹林七賢」的領袖嵇康，他在《與山濤絕交書》中寫道：「每常小便，而忍不起；令胞中略轉，乃起耳。」唐代大詩人元稹的詩中也有「正寢初停午，頻眠欲轉胞。」那麼，其中的「胞中略轉」和「轉胞」是什麼意思呢？其實就是「睡覺時尿頻，總忍著不起床，待尿胞實在撆不住的時候，才起床小便。」古人怎麼小便？要麼，到屋外如廁，要麼，趕快去拿「夜壺」。

夜壺是男人使用的溺器，作為衛生用品，它也是舊日農家日常生活不可缺少的家什。夜壺是我國潔具方面的一大發明，它的造型獨特，歷史悠久，說起來可就話長了。

夜壺，古人稱之為「虎子」。何以稱為虎子呢？一種說法是因為它的壺嘴甚大，狀如虎口，其造型也多如猛虎蹲踞之狀，因而名之。另一種說法見自《史記》中的《萬石列傳》集解，文中寫道：「賈逵解《周官》：械，虎子也。窬，行清也。」《說文解字》解釋這個「械」字是「械窬（音 wēi yú），褻器也。」孟康則說：「窬，行清中受糞者也，東南人謂鑿木中空如曹謂之窬。」於是，段玉裁注釋《說文解字》時，肯定了賈、孟二人的說法：「虎子所以小便，行清所以大便。械窬二物，許類舉之。」他明確地說，械即虎子，就是夜壺，窬，就是馬桶。

夜壺之所以稱之為「械」，是因為它與「威」和「畏」字同音，彼此可以通借；又因為是用木頭做的，所以加上木字旁。這種溺器的發明還是漢大將軍李廣的首創。據《西京雜記》記載稱：漢代的「飛將軍」李廣和他弟弟一起打獵，在山中射死了一隻臥虎。歸來後，他囑匠人按著這隻老虎的姿態，「鑄銅象其形為溲器。示厭辱也」。也就是說，把溲器製成虎形，表示對老虎的一種蔑視。此後，人們都根據這個形狀，管它稱為虎子，械這個名稱便漸漸鮮為人知了。

不過從漢代、三國這一時期出土的陪葬品中，這類虎型的「虎子」出現了很多。可以推想，當年這種溲器是按一種裝飾工藝品製作的，只有達官顯貴才有資格使用。而且，這些達官顯貴愛之如珍寶，死後還要用當成陪葬品，以便到了陰間還接著用。

東晉以後虎子的使用已十分普遍，它的造型也日趨簡樸實用，老虎的口、眼、四肢都已不見，只剩下繭形或圓形的身體。由於風俗的轉變，人們也不再用它來陪葬，所以後來的墓葬中也就很少見到虎子了。

當然，虎子還有其他的造型。筆者在西安博物館館藏的瓷器中，有一尊宋代的冰裂紋白玉淡青瓷虎子。造型很是獨特，約有一尺三寸餘高，腰闊一尺，形如蹲獸，下有四足，一隻上昂的大口，徑約三寸，頗為壯觀。因無提梁，大概用的時候，需要奴僕們用手端捧侍奉。

不過，這種製作精良，造型維妙維俏的虎子，一般的小百姓是沒有享受福份的。老百姓用的只是些造型簡易、外貌相似的陶釉製品了。

作為文物的夜壺叫做虎子。南方的東漢兩晉墓葬中出土一種有提梁的長圓形瓷器，器口開在一端的斜上方，因為它往往做成蹲踞的虎形，所以被叫做虎子。

1985 年鎮江諫壁王家山一座春秋晚期墓中出土了一件銅虎子，橢圓形的器身兩側分別鑄有兩隻蜷曲的獸足。這是現在見到的年代最早的虎子。

大概到了明代，男用夜壺開始定型，制度變小，有提梁，裏外都上了黑釉，既可以防滲漏，又方便衛生。放在床下，也不過於污穢。因之在民間普及

很快，依照凌濛初在《三言兩拍》中的記述推論，明代中葉便有了專業燒製夜壺、便盆的工匠和爐窯了。

夜壺、便盆都屬於穢物，舊社會的窯工們都很迷信，他們的忌諱最多，怕陰陽不明、上下不分而污窯，導致崩窯。燒製穢物的匠人與燒製普通日用鍋、碗、瓢、盆的工匠使用的是兩類窯，涇渭分明。燒穢活的在點燃每爐窯內，都要附帶燒上一對男女交合狀的喜神，為的是調合陰陽，才能確保這爐窯不出差池。

這是近代民間百姓使用的夜壺，也叫「尿罐子」，口大肚圓，製作粗糙，已然沒有了「虎子」的模樣和威風。

這是一隻外國人燒製的「虎子」，樣子十分地精美有趣。壺肚上繪有蝴蝶、小鳥和花卉。壺座上燒有白色的貝殼類裝飾物，五彩繽紛，是用於插花用的花瓶。這也是算是中國便器文化的一種外延吧！

直到今天，偏遠落後的農村地區，人們仍然在使用它。近代醫院裏男性使用的便器，仍然保持著虎子的基本特徵。

炕笤帚

炕笤帚，俗稱「笤帚咯瘩」，是火炕的常備之物。人們用它來打掃炕上的塵土和收拾屋子之用。

據史書上記載，笤帚在我國出現得很早，早在四千年前的夏代，是一個叫少康的人發明的。他有一次偶然看見一隻受傷的野雞拖著身子向前爬，所過之處，把地面拖得乾乾淨淨，他便靈機一動，根據「仿生學」的原理，用竹條和草梗製成了耐用的笤帚。

農家掃炕用的笤帚。

掃炕用的笤帚是用糜穰縛製而成的，與掃地的笤帚不一樣，掃屋子地的笤帚是用高粱頭、葦穗等縛製成的長把笤帚。而掃院子用的則是用竹管草紮的木把掃帚。

炕笤帚大多是農人自己會縛製。紮笤帚均用散穗的高粱糜子，將上面的籽粒捽淨，去掉葉鞘及箭杆下面的節，然後把其中的散穗和直穗分開，挑出其中的中直穗糜子做外皮，散穗的糜子做骨架。再把挑選好的外皮用的箭稈用篾刀破成兩半。將作笤帚芯的箭稈從穗頭根部切掉，笤帚把的中間可用秫秸充填。再將整理後的糜子平鋪在地上，用石滾子壓軟，用水濕潤。一頓飯的工夫之後，便可用鐵絲綁紮。

舊日掃炕、鋪炕、做家務，都是婦女的專職勞動，大男子主義者便把婦女比喻為笤帚。連造字的倉頡先生把繁寫的「婦」字，也設計成「女」字邊加一個笤帚的「帚」字。好像女人專職拿笤帚一樣。

炕笤帚還起到了一個「家法」的作用，專門用來管教孩子。孩子淘氣、不聽話，或是犯了錯，大人會順手抄起「笤帚各瘩」沒頭沒腦地打去。在農村長大的孩子們，多領教過笤帚的滋味。

炕笸籮

笸籮是用柳條、竹篾等編製的一種盛器，形制大小以用途不同而異。大的多用來盛放穀物。而小的則放炕上盛日用雜物，叫做炕笸籮。

炕笸籮又分為煙笸籮和針線笸籮。煙笸籮只有飯碗一般大小，平時放在

炕上，裏面放著煙葉、煙紙和火柴，來人了就把煙笸籮往坐在炕上的客人面前一推，說自己卷一支煙抽吧，於是大家就人手一支煙，吞雲吐霧起來。煙笸籮就像現代家庭中的煙灰盒或煙缸一樣是必備的家庭用具。

而針線笸籮，又稱「花花笸籮」，主要是盛放一些平日縫縫補補所需的針頭線腦、剪子、尺子之類的東西。這種針線笸籮體小量輕，造型簡練，有用柳條、竹篾編的，也有用紙袼褙糊製的。紙糊笸籮色彩豔麗，融黏、縫、貼剪、畫於一身，既實用，又因其花花綠綠的裝飾還可以成為炕頭上的擺設。在冀東地區，只要是成年婦女，可以說每人一隻，尤其在姑娘出嫁時，針線笸籮作為母親送給女兒的嫁妝是必不可少的。炕笸籮雖然簡單樸實，它卻是農村婦女生活的一種象徵，也是女紅的一種符號，陪伴著女人走完辛勞的一生。

煙笸籮每個炕上必備，裏面放著煙葉、煙紙和火柴，來人了就把
煙笸籮往坐在炕上的客人面前一推，說自己卷一支煙抽吧。

炕笆籮是用柳條、竹篾等編製的一種盛器，形制不大，它的用途，
主要是放在炕上盛些日用雜物。

圖中，放在炕上的是炭盆兒，放在炕桌上的是煙笆籮。在天寒地
冷的時候，辛勤勞作一年開始「貓冬」的人們，盤腿圍坐在炕桌
和火盆周圍，點上長杆煙袋，在濃濃的煙霧之中聊著家常，頗有
一番獨特的生活情趣。

六、炕的功能

說到炕的功能，筆者粗略地歸納為：休憩的臥榻，婚儀的聖壇，性愛的樂園，新生的搖籃，勞作的場地，待客的廳堂，娛樂的聖殿，決事的帷幄，息養的頤所，計九個方面。而下，根據早年在報社工作時的部分採訪筆記和一些散亂的回憶，分別述之於下：

休憩的臥榻

口述人：楊盛喜，男，83歲，吉林大拱鄉十八戶村農民

「我們村這些年可變了樣兒啦！家家戶戶都蓋起了新房，村長家是三層的，最先富起來的是書記家，他家的房是在第三層上加蓋了一小間，人們都管它叫四層小樓。可他說，三樓上邊那一小間不住人，是為了夏天乘涼，坐在那兒風光，看得遠。而且上邊風大，蚊子飛不上去，光著脊樑也不怕咬。

「像咱們這樣的老百姓，蓋的都是兩層的小樓。樓下邊兒的房子是廚房，還有廳。廳，這個詞，到現在我也說不順嘴，不如就叫敞屋子。來了客人落落可，孩子們蹭個蹦子，挺寬綽的。可是，要說起了炕，那可就找不著了。俺們這兒的老房都拆沒了，哪裏找炕去。人們睡覺都得上二樓，現在叫臥室，這不，人跟牲口都一樣了，睡，不叫睡，叫臥。孩子們孝順，心疼我，給我那屋裏賣了張「席夢司」，往上一坐，人就陷了下去。冷不丁的會嚇一跳，先別躺下，一躺下還就起不來了。到現在，我起床都是先用手搬著床梆，側著身子才能坐起來。

「說實在的，我是打心眼兒裏想著生於斯，長於斯，休養生息賴於斯的

那盤土炕。俺從小就長在土炕上，炕就是俺的家。小時候，在外邊打了架，怕人家追上門來，往炕被垛裏一鑽，就算躲過去了。長大了下地幹活兒，耪地、割麥子、拔高粱，一天下來，累得真跟三孫子一樣，多壯實的勞力也都直不起腰來。您說怎麼著，只要往熱炕上一躺，腰一挺、腿一伸，美美地睡上一覺，再一睜眼，就跟脫胎換骨還了陽一樣，一個鯉魚打挺起來，自己都覺得像座鐵塔一樣，渾身上下又有了使不完的勁兒。挑起了水桶，一溜煙地十來趟，不帶喘一口氣的。扛起了鋤頭下地，一幹，就幹到太陽落山。我總是想，這勁兒都是從那兒來的呢？還是俺爹說的好，都是這盤火炕給的。火神爺通過炕，把仙氣送到人的骨頭裏、筋脈裏、肉裏、血裏，就如同修表的給鐘錶上了弦，種地的給禾苗上糞，賣大煙的給上煙癮的人燒了幾筒子煙泡一樣，立碼兒就能叫你來了精神。」

　　「十冬臘月，不管你冒著多大的風雪，腳下踏著多麼冷的泥濘，兩腿邁著多麼疲憊的腳步，只要進屋往熱炕上一躺，嘿，馬上就上了天堂。再在灶膛裏加上一把火，那簡直真像神仙一樣。所以，我總說：這火炕是俺們鄉下人的命根子。俺們鄉下人沒念過書，只有我的老祖是個老童生，周遭十鄉八里的，誰家生了孩子要起名；誰家死了人，要給亡靈點個主啦，都得求他。他老人家每次上炕睡覺時，總是一手摸著我的腦袋，一手拍著炕念叨著：「生於斯，長於斯，休養生息賴於斯。」當時我很小，不懂事，更不明白他說的是什麼意思。這不，人老了，想起了他老人家的話，還真是這個理兒。」

吉林大拱鄉十八戶村留下來，尚未被拆除的老房子，老房子中的火炕曾哺養過一代又一代的農民。

婚儀的聖壇

口述人：王連根，男，60歲，河南大楊樹嶺上陽坨子農民

「我們鄉下人，一輩子沒有多大的奢望，什麼當官、發財、坐汽車、住洋房，這一切與我們都沒有什麼關係。一輩子種田吃飯，最大的願望就是盼個好政策，好收成，蓋所房子、生個兒子；等兒子長大了再討個媳婦，媳婦再生個孫子。把祖宗的姓傳下去，千萬別絕戶了。

要說這個要求可不高，活一輩子就這麼一個圖，圖個三餐溫飽，人丁興旺。我爹講話，這點事兒搞順了，就叫命好有福。在鄉間，娶媳婦是最大的事兒。如果兒子老大不小了，那年月說的老大不小，其實才十六、七歲，假如媳婦尚無著落，那可就算命運不濟了。開始抱怨祖宗沒開眼，沒選到好風水地穴，在人前就低人一等，成了一大心病。

自古以來，我們這兒婚姻方面的事兒都遵循「六禮」，「納采、問名、納吉、納徵、請期、親迎」，這是六種形式，這是從周朝沿續下來的，鄉下再窮，再不開通，也不能從簡。

一對新人在洞房門前「拜堂」、「拜父母」、「拜天地」。

議婚，咱們這兒又稱「議親」，就是商議男女婚事，包括「求婚」、「過帖」、「相親」等幾道程序，直到準備定婚為止。在這幾件事上，都是由男女雙方父母根據對方的門第、家境及品貌條件、來決定婚事成與不成，當事人是沒有發言權的。俺們那兒，小子長到十一、二，大人們就開始得託媒人給說媳婦了。就拿我自個兒說吧，我在家裏行三，上邊有兩個姐。她們都沒有我

福氣，尤其俺大姐比我大不了幾歲，活幹得不少，也是人嫌狗不待見，從來吃飯不能上桌。爹娘把我當寶貝疙瘩，捧在手裏怕磕著，含在嘴裏怕化了。從十三、四歲就張羅找媒人，給我娶媳婦。

在我們鄉下，媒人可是個風光的職業。信得過的媒人總是閒不住。不是這家請，就是那家邀，好吃好喝地供著，就憑她走東竄西、保媒拉牽地成全百家的婚姻。鬧運動那些年，她們都倒了大黴。全都打成了壞分子，被監督改造。要自由戀愛，可當誤了不少後生和女子。這不，運動一過，這一行人又興盛起來了。是俺爹用了一擔麥子、兩罐子香油，才搬動了這尊大神。經過媒人牽線搭橋，千挑萬選，最後相中了十里外小王莊我大姨的表姑的親侄女，叫二蘭子，那一年她才十二歲。據縣城裏的陰陽先生偷著合過的八字兒，說是「猴騎羊」「益壽宜男」，憑提多般配了。於是「過了帖」、俺娘又去相了相，備了禮物「納了吉」，就算「定親」了。俺爹樂得終日合不上嘴，把屯裏的糧食全賣了，換成木料，張羅著蓋新房。這些大事兒，都是在俺們家的炕上與親朋友好們反反覆覆合計的。

在我十六歲的時候，三間新房蓋好了，那個豁亮。接著我爹就跑來跑去的張羅給我娶親。大隊書記是我的娘舅。他說：「咱們是再近的親戚也不能這麼辦！按說十六也不小了，俺三大爺就是十六成的家。可那是舊社會。現在鄉里正在搞計劃生育，駐進這麼多幹部，讓他們知道了，這不是要摘我的紗帽嘛！搞掉我的官兒不要緊，日後咱老王家就算栽了！知道不！再說二蘭子太小，過了門也給你生不了人芽芽，白糟蹋糧食。你聽我的，後年再辦。咱把你兒子的虛歲用上，不就二十了嘛！」這排子話，就是在新盤的炕上說的。

我爹吭吭吃吃地說：「我這新房不是白蓋了？」

俺這位姨舅書記看了看赤露著的房梁、檁條子說：「你看，到處還濕淋淋的，這炕也潮得忽的，著什麼急！後年在這屋辦喜事兒，我看還得好好地收拾收拾。」俺爹沒轍，沒事的時候就專心收拾起這間新房了。新打的炕櫃、炕桌又油了幾遍，弄得鋥光瓦亮。

就這樣，又挨過了兩個秋天，就正式「迎親」「娶媳婦」了。這裡邊的禮數也是由村裏的老「賓相」三爺爺坐在我家炕頭上，不厭其煩地指導演習的。在俺門那兒，迎娶不講新郎去，而是由小叔子去。俺下邊沒兄弟，就由媒人押著彩禮、小轎，帶領迎親隊伍，一路吹吹打打地去了。俺就披紅插花坐在咱家炕上恭候。

快到晌午時，就聽得村外鼓樂大作，鞭炮連聲，料是新人迎來了，男方親友鄰里一擁而出，搶著接新娘子。新娘花轎講究落在一床紅被上，新娘索取「下轎錢」後，再由「全福人」相攙，踩著紅氈進門。婆婆隨後用笤帚在轎內裝模作樣地掃三下，取土一把，捧進新房，放在洞房大炕的炕角席子下。這叫「掃轎土」，把她娘家的「福」都接到自家的炕上來。

接著一幫人把俺架出來，與新娘「拜堂」，「拜父母」，「拜天地」。拜堂的地方就在洞房門前的堂屋裏，正中間設一張供桌，上面供有天地君親師的牌位，供桌後方懸掛祖宗的神幔。俺和二蘭子就位後，由賓相三大爺唱導，行三跪九叩禮，參拜天地、祖宗和父母。然後女東男西，夫妻對拜。

山西省任平小馬鞍山頭鄉，一對新人雙雙對對坐在「洞房」的撐炕上，靜聽著鬧房人蜇伏在窗外的動靜。

拜後，由家人在地上依次遞傳送麻袋，稱為「傳代」，為新娘鋪路到洞房。另有撒帳人端起放有五穀雜糧、棗子、銅錢的籮筐，口唱《撒帳歌》：

　　仙桃帶蓮花，兩家有緣法；
　　腳踩蓮花手提笙，左男右女雙新人；
　　身下絞個聚寶盆，新媳婦以後生貴人；
　　彩邊鉸些碎萬字，新媳婦聰明懂萬事；
　　金錢抱石榴，常比他人牛（強）；
　　新人腳底踩蓮花，兩口結下好緣法。（錄自《陝北民謠》）

同時將筐中物品撒在新郎新娘的頭上，直到進入洞房。

二蘭子穿了一身大紅，圓圓的像棵大紅棗兒，頭上蒙著一塊大紅的蓋頭，伴娘們把她往炕中間盤腿兒一坐，這叫做「坐炕」。然後，賓相給了我一柄秤杆兒，要用這根秤杆兒挑開新娘子的紅蓋頭，圖的是「稱心如意」。當俺挑開蓋頭時，這才看到二蘭子長得什麼樣兒，胖胖的圓臉上還擦了一臉怪粉，可能是讓蓋頭捂的，從腦門子往下直流汗，把臉上的粉沖得一道子、一道子的。

禮成之後，新娘子要站在炕沿邊「裝新」，這時鬧房的便開始了。這個熱鬧，三天沒大小嘛，他們唱著《鬧房歌》，什麼「看新娘、賀新郎，一進洞房喜洋洋，左腳進門生貴子，右腳進門生鳳凰」；「手打燈燭亮堂堂，看看新娘好嫁妝，高的櫃、矮的箱，紅紅火火新盤的炕，新盤的炕上臥鴛鴦，鴛鴦成對人成雙，明年生個小兒郎」。接著，不怕你笑話，這個上來在二蘭子的頭上抓一把，那個上來就在襠裏摑一下：這個說個「葷笑話」，那個立在一邊唱個酸曲兒。還有那不害躁的，在二蘭子的懷裏可勁兒地亂劃拉。就這樣你擠我拽，推推搡搡地把俺們兩口子揉弄得昏天地黑。那群不知深淺的半大小子，一個接一個地抱著二蘭子「滾大炕」，差點兒沒把褲子扯下來。這也是俺鄉里的陋俗，凡沒成家的小子都可以摟著新娘在炕上滾來滾去，說是把炕壓磁實，大吉大利；新娘子不興急、不興火，不興不讓。當然啦，「滾炕」時，許摟、許抱、許壓人，許摸褲襠。但不許缺德，不許扒褲子，不許摸奶。直到外邊擺桌開席，這幫玩意兒才算鬆了手。新布置的洞房讓他們弄得亂七八糟、狼籍一片，也累得俺倆坐在炕上直不起腰來。

這幀照片為現代新娘子結婚時的坐炕，娘家來的伴娘們與其同坐，雖說與舊日大不相同，但仍然沿襲著舊日的風俗。

有些地方的農村迄今仍然存在粗野「鬧洞房」的陋俗。

當初，俺們這兒還有一個更呵斥人的陋俗，那就是晚上「聽房」。鬧騰了一整天，明月當空，酒闌人散，好容易熬到洞房熄燈，新人睡覺了，可是一大群半大小子在大人的教唆下，都趴在屋外的窗戶下「聽窗根」。要說這也沒什麼，新人們老實點兒不就行了嘛！可這些人等的是要「元紅」，不見「元紅」，他們就不走。第二天要是傳出不見「元紅」的話，新媳婦可就一輩子也抬不起頭來。您說，這主意是哪一位聖人發明的！眼看雞要叫了，窗子外邊還是嘰嘰咕咕，人影憧憧，沒法子，只好照老規矩辦。二蘭子還真露臉，不僅見了紅，而且紅的還不小。隔著窗戶往外一遞，引來一陣歡呼。忽啦啦，小子們悉數散去，爭著明天一早跑到娘家村裏去報喜，還能賺回不少喜錢。

第二天麻麻亮，趕快起來洗漱，到長輩們的屋裏行見面禮。長輩們一個個端端正正盤著腿兒坐在炕上，俺和二蘭子在地上一一磕頭叩拜。凡是輩份大的都要磕，一上午，磕了個暈頭轉向。隨後，在爹娘的引領下，到村後的祖墳上去祭祖，又是一陣磕頭。三天後，夫妻一起回門省親，見了岳家的長輩，又是一陣磕頭，當天返回。至此，大禮始成，而這一切幾乎全是在鄉間的炕上炕下完成的。常言說：「沒有這盤炕，就翻不過這堵牆。沒有這盤炕，孩子就沒娘。」

性愛的樂園

口述人：馮秀山，72歲，北京大興縣文化站退休職工

我先聲明，俺是鄉下人，文化水平不高，一直在縣裏當文化幹事，寫過一些鄉土文化調查，但一直也沒機會編成書。這次您出了這個題目，我也就瞎聊聊，供你參考。

城里人笑話鄉下人「土」，這個「土」字，不僅僅是笑話人家長得憨頭憨腦，思維簡單，幹活兒傻賣力氣，辦事直來直去，沒有花花腸子。就是兩口那點事兒，在城里人眼裏也沒有一點兒靈氣。不是有這麼個笑話嘛，說：有一個在城裏當老媽子的娘們，回到鄉下來逢人就說：「我老琢磨，咱們鄉下的娃子一生下來就這麼鬆頭日腦的沒一點兒機靈勁兒。一到城裏我才整明白，人家城里人，兩口子辦事兒的時候都是開著明晃晃的燈，做起活兒來那個細緻，一整就是一兩個時辰。哪像咱們鄉下，兩口子一吹燈，摸著黑的一陣亂鼓搗，糊裏糊塗整出來的娃子，當然沒有城裏娃兒的水靈了。」這種笑話，一聽就是城里人嘴裏胡浸的，他們哪裏知道鄉下人炕上的事兒。莊子不是說過嘛：「子非魚安知魚之樂也」。

冀北的風俗，要在新婚夫婦的房的炕頭上貼上一幀「女子騎公雞」的剪紙。無疑這是一種「性教育」畫，啟迪新人和合歡好，早生貴子。

鄉下人有鄉下人的生活，七情六欲，人皆有之。孔老夫子也說：「食、色性也」。城里人也不會比鄉下人多長出一根蔥來，不該呵嗲鄉下人。鄉下人讀書少，見聞少，更不懂什麼「性科學」。但是，他們的「性知識」一點都不少，而且，壞小子們一個賽著一個，從田間地頭上，擠眉弄眼、吃吃浪笑的小子們的神態上，就知道他們在一起聊男女炕上的那點兒事兒了。

鄉下人，一個村的髮小們都是光著屁股一起長大的，論堆兒、論撥兒，不論輩份。有的孫子輩的娶了媳婦，而爺爺、大爺輩的還穿開襠褲哪！一堆半大小子在一起就沒好事兒，不是聽了誰家的窗戶根兒，要麼，就是圍著剛娶了媳婦的後生子，聽他在炕上活動的歷史。

農村裏性文化的傳播有幾種渠道。一是鄉里一輩輩流傳下來的「罵街」，不論是男人的「罵語」還是女人的「罵語」，詞彙的豐富、花梢，句句都離不開男女的性具和性行為，也離不開成人日常性行為的「炕」，如果將之匯總編纂起來，當是一部很可觀的性詞典。

另外，還有鄉間祖輩流傳的「歇後語」、「俏皮話」、「葷笑話」、「葷故事」，「三句話離不開褲下物，一開口就奔下三路」，都成了性啟蒙的教科書。比如，俺那兒流行的「四大」系列口頭語：《四大白》，「天上的雲彩地下的鵝，娘們的屁股涼粉坨」；《四大硬》，「鎬頭把子千層底的鞋，後生的雀子拴驢的橛」；《四大軟》，「剛揎好的褲子新揉的麵，兒她媽的奶子棉花團」。《四大累》，「耢地和泥，脫坯操屎」，如此種種，比比皆是，說不完、道不盡的。還有，農村中盛傳的「酸曲兒」、「窯調」、「靠山調」等，內容有的隱晦，有的直露，比如《拔高粱》、《鬧五更》、《十八摸》等，解放後歷經那麼多的運動，又是「掃黃」，又是「破四舊」，看似除了根兒。可《老三篇》、《毛語錄》就是念不下來。可這些下三爛的玩意，他們都能倒背如流。可見，高級趣味並不是人人都有的；而低級趣味是生來就有的。

洞房裏邊還要貼上幾幀「抓髻娃娃」，中國古老民俗，女子及婚梳髻，陝北民諺：「抓髻不咪咪（抖動的意思），婆家不引來？」意思是我都梳上抓髻了，婆家還不娶我來？因此「娶媳婦」這個題材常常作為生命繁殖象徵的抓髻娃娃的變體在民間廣泛流行。山西剪紙髻和笄義同，都是女子婚配的象徵，笄屬鳥（鳳、雞），舊俗女娃出嫁。於轎內要抱著象徵男性的雞，與抓髻（鳥、雞、鳳）合而為一。

　　我不懂生理學，也沒進行過農村性調查，我聽過縣衛生所的王大夫說過，農村人與城里人的性差異是很大的。比如男人的外生殖器，籠統地說，農村人長得就比城里人的就大一點。他從一份五十年代縣醫院存的老資料《北方六個省份農村成年男子與城市成年男子一萬五千人體質的綜合調查數據》中得知，農村成年男子的外生殖器要比城市人平均長 1.025 釐米，粗 0.1～0.15 釐米。也就是說勃起後，城裏男性的平均值長為 7～14 釐米，直徑為 3.1～3.3 釐米，與國內避孕套的號碼相同；而農村成年男子的平均數據就大了許多。

　　王大夫說，外行人用目測很難做到準確，醫院裏的測量方法是：當陰莖疲軟時，取站立位，用手托起陰莖，用尺的一端用力頂住恥骨聯合，儘量壓縮皮下脂肪層，另一端以陰莖頭尿道外口為標準讀出數字。測量勃起時的長度，也是採取同樣的方法才能準確。其實，我們當醫生的不用看長相，只要冷眼掃一下，就能辨出他是不是農村的小夥子。

　　當然，他們性勃起的時間也比城裏的文化人長一些。那是因為，鄉下的男孩子的生殖器，由於「傳宗接代」的傳統觀念的根深蒂固，從小就受到大人們的特殊呵護。小時穿開襠褲，長大穿肥肥大大的緬襠褲，從小就光著屁股睡覺等的這些習俗，無疑對男孩生殖器的成長發育，形成了良好的外部條件。而且，鄉下孩子從小睡火炕，不穿緊襠褲，就如同在暖房裏孵小雞一樣，生殖系統所接受的溫度養護，要遠遠高於城裏睡的冷床鋪。這個道理就像發豆芽一樣，溫空裏的豆芽當然比溫房外的豆芽兒長得粗壯。

新婚的甜蜜，大炕便是美妙的婚床。

　　另外，鄉下地方大，寬綽，大院子、大屋子、大炕，對於結了婚的成年男女說來，給他們提供了良好的寬寬綽綽的「婚床」。你看鄉下的狗，二八月配起對來，可著場院子的跑。城裏頭行嘛？早就給城管套走了。王大夫說，尤其鄉下的火炕，還有滿鋪滿蓋的大被，身子下邊炙得燒得慌，身子上邊捂得出汗，兩個光身子的男女挨在一起能不鬧得慌嘛。他說，從生理學的角度來說，人的正常體溫是三十六度五，溫度的增高是促成性激素分泌的一項重要因素。「飽暖思淫慾」！溫度一高，男性生殖器的勃起就來得快、來得勤、來得猛。女人也是一樣，自幼下身就眠於火炕之上，卵巢發育得快，月經來得早，性成熟得也早。城裏的姑娘有的到了十六歲天葵未至；而鄉下姑娘，十四歲就已見初潮，這全與火炕有關。在鄉間，新婚男女可以日日成歡、夜夜數度，根本不是什麼新鮮事兒。老輩人都說：「兒馬蛋子蹽蹶子，你就叫他撒著歡兒的鬧騰。不鬧騰，下不出好駒子來。」

　　火炕是農村男女性愛的溫床，早年間，農村文化生活閉塞，一年來不了個戲班子，半年來不了個說書的。夏日夜晚的悶熱，蚊蟲的滋擾、蟬蛙的鳴叫，睡不著，幹什麼？打炮唄！冬日的嚴寒，人們在灶塘裏添上一把火，早早地輾上了火炕，逼進了熱被窩，燈一熄，這漫漫的長夜裏睡不著，幹什麼？還是打炮唄！那真是「小夥子離不開媳婦，老公離不開老婆；棒槌離不開石臼，輾子離不開磨盤。」兩口子就開始磨豆腐，如果不與老人合屋住的話，敞開的大炕，炕沿子、炕櫃、炕桌、窗戶臺都是性愛的沙場。

　　誰說鄉下人土，不會玩。小青年們偷著練「鐵襠功」的大有人在。在田間地頭背人處，偷偷傳授「武藝」的，吊磚頭、挑鐵壺的傻小子們也大有人在。行房時，隊裏發的避孕套不願戴，可「羊眼圈兒」都藏在炕匣子裏。誰說鄉下人的活兒不細，一個個肥頭胖腦的大胖小子，不也這麼一個個生出來了嘛！要不是上邊把「計劃生育」當國策一樣抓得狠，那一家不得「兒女忽成行」啊！村委會、大隊部可是有辦法，你要生第三胎、第四胎，老子就拆你的房，扒你家的炕！鄉里抓「計劃生育」的幹部也只有這一招，總不能像「醮豬」一樣，把不要臉的娘們和「兒馬蛋子」們全醮了！

　　就我所知，六十年代鬧文革時，大興縣于垈公社為了抓好「計劃生育」，認定了「熱炕頭」是「產生資本主義的溫床」，也是「超生」的罪魁禍首。於是，掀起了一陣「拆炕運動」。凡是生過孩子的家，都得把「熱炕」拆了，改睡床板子。這一著兒，還受到了市計生委的表揚。不過，這一創舉「風聲大、

雨點小」。村裏的炕拆了不少，但計生問題收效並不大。沒多久，又開始了「批林批孔」運動，大批「克己復禮」。不知怎麼回事兒，于垡的火炕又雨後春筍般地重修了起來。

新生的搖籃

口述人：牛貴珍，女，82歲，河北獨流老河口鎮農民

「大寶就是在這盤炕上出生的，」貴珍婆婆，用手拍拍屁股下面坐著的這盤炕，又磁磁實實地吸了一口旱煙以後說：「大寶他爹也是在這盤炕上生出來的。就在這兒，在這兒。」接著，她歎了口氣，眼睛望著房樑，進入了舊日的回憶當中，彷彿自言自語地說：

「老人們常說，上一輩子作了孽，閻王爺才罰人作女子。你沒見過，小女子一出世哭得最凶，兩條小腿亂蹬。那是她知道，一來到人世注定被人輕賤，要吃大苦、受大累，什麼時候都得做在前、吃在後，拖兒帶女，縫補洗涮，她是從心裏真的不願意來呀！俺娘說我，一落地，兩手緊攥，日夜啼哭，弊得小臉通紅，上氣不接下氣。俺爹死不夯見，非要丟掉尿桶裏淹死不可。虧著俺奶奶護著，才算揀了一條命。俺奶奶說，不就是多喝口米湯，多占巴掌大的炕嘛！今後我帶著。就這樣，我就在奶奶的炕上長大了。」

「小時候是怎麼長起來的，我是一點兒也記不起來了。只影影綽綽記得，會跑了之後，肩膀上就多了一隻小筐子，整天价在村口地頭拾乾草玩，俺娘就用我拾的乾草燒火燒炕，當然，光用我拾的乾草遠遠不夠，只是拾點兒幫點兒。再長大一點兒，就學著用一隻小桶拎水，最初一走一晃蕩，到家時，水也晃蕩沒了。後來，隨著人長大，筐變大了，桶也變大了。十來歲時，家中燒火燒炕用的柴禾和人喝豬飲的水，全都由我承擔了。」

「我記憶最深的，是我五、六歲時裹腳，可痛死我了。你說，大人們，尤其我奶奶怎麼那麼狠心哪！用那長長的布條子，還都沾濕了水，像包粽子一樣，把我的腳趾頭壓在腳底下，死命的纏裹。痛得我哭爹喊娘的，誰都不管。奶奶一邊用手可著勁地勒，一邊叨嘮著說：小妮子，忍著吧！當女人天生下就是受罪的。包好了腳，才能出門子，大腳片子，誰見誰嫌，長大了可怎嫁人哪！要說腳包的時候痛，一到夜裏，包腳布都乾了，就變得更緊，兩隻腳跳著筋地痛，火燒火燎，沒處擱沒處放的，兩條腿腫到了大腿根兒。睡不了覺、吃不了飯，真恨不得一頭撞死在炕角上。我記得，裹腳的時候正鬧日本，不

少人家的女子裏了腳的都放了。說是，逃跑時跑得快。可我奶奶就不給放，說鬼子管天管地，管不著娶親嫁女。將來妮子要嫁不出去，他日本鬼子管不管！就這樣，直到鬼子進了村，俺這雙腳就是放了，但也跑不動，大不起來了。這不，成了一雙白薯腳了。」

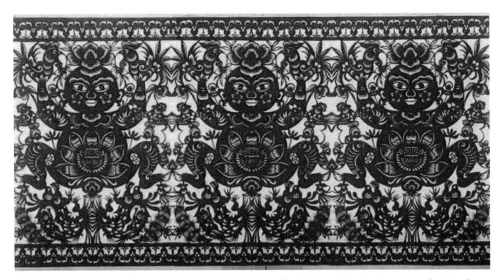

「抓髻娃娃」神通廣大，無所不能，不僅能延續生命，繁衍後代，而且威力無邊。它們有的梳髻，橫開雙腿、雙手舉帚；有的梳髻戴勝，橫開雙腿，雙手舉帚，左右飾雲。女人在生孩子的時候，產房裏貼上「抓髻娃娃」，必定順生順產，母子平安。

比裹腳更痛更受罪的那就是生孩子。生寶兒他爹的時候，差點兒沒要了俺的命。痛，那就不用說了，命就攥在閻王爺手裏，和陰間只隔一張薄薄的窗戶紙。就好像我躺在炕上，閻王爺就在窗戶外邊站著一樣。

俺是十六歲嫁過來的，當年就懷了孕。起初到也不覺得怎樣，八個月時我還挑水做飯洗衣裳哪！有一次燒炕閃了腰，俺婆婆心疼她那沒出世的孫子，就不讓我幹活了。九個月時就上了炕，不叫俺下地。她說，腳不沾地好生產。老早就與上岡子村的穩婆馬姥姥打了招呼。這位馬姥姥是周遭十里八鄉的活神仙，家門口掛著紅漆招牌——「快馬金刀」，祖傳的絕技，十接九活，很了不起。十里八鄉的半大小子都叫她乾姥姥，都是他接生的。馬姥姥來過一次，插上門，號了脈，解開褲子看胎位，又用手指頭量了量俺下身，對俺娘說，快了，是個男孩兒，您有福，個兒真不小。快了，再過三天，她一喊痛，馬上蒙窗戶、掛簾子、關大門、燒開水，再派人去叫我。說罷，從懷裏掏出幾張剪好的「抓髻娃娃」交給了俺婆婆，叫早早地貼在炕頭上。

果不其然，第三天頭上，寶兒他爹就在俺肚子裏邊鬧騰起來了，兩條腿可著勁地蹬呀、踹呀！我的下身兒都要裂了，可痛死我了。俺就爹呀、娘呀地叫了起來。你們知道，那時窮鄉僻壤是怎麼生孩子嘛？這土屋就是產房，這盤土炕就是產床。眼看要生了，用布單子、被子、褥子把屋子裏能透氣兒的地方都堵死。把炕席都掀了，在光溜溜的炕上，鋪上一層乾沙土。這層乾沙土，是孩他爹早就用細籮篩了無數遍，留著今日用的。你會問這沙土是幹什麼用的，就是用來溲羊水、溲女人流出來的血水的。那年頭人窮，連草紙、破布都捨不得用，你看，這女人還是人嘛！

到馬姥姥帶著他兒媳婦趕來的時候，俺已經痛得昏死過兩回了。婆婆、嫂子、二大媽急得像熱鍋上的螞蟻，在炕上、地上團團轉，乾著急，搭不上手。俺這下身就好像要爆了一樣，簡直就不是我的了。迷迷糊糊中，俺真看到一群小鬼兒在我身邊又蹦又跳，白無常用一根繩子套著俺的脖子，一個勁地往外拽。

矇矓中就聽有人說，出來了，出來了，出來一條腿。媽呀！是橫產，這可怎麼好哇！抱腰的往上周一周，抱腿的再劈一劈，馬姥姥直嘰唉！幹了這多年，還是頭一遭遇到這樣索命的冤家。他娘上輩子遭了什麼孽，懷了這個玩意呀！……是要孩子，還是要大人——？

又是一陣子劇痛，俺只覺得魂已出了竅。我好像站在空中說，要孩子。也不知道他們聽見了沒有。我站在空中看到了她們一個個都四脖子汗流的低著頭摳味著我的下身。我的下身在淌血，把身下的沙子都染紅了，紅了半拉炕。她們在說話，說什麼俺也聽不見，俺看到馬姥姥伸手去拿剪子，而她的兒媳婦卻遞給她一把刀，一把尖尖的，好像是殺豬用的刀。她這個兒媳婦長得可凶了，她是馬姥姥的接班人，幹她們這行的有個規矩，「法不外傳」。傳兒媳婦，不傳閨女，閨女是外人，嫁出去，會跟馬家搶生意。這行人可獨啦！我看到她們娘倆是合計好了要俺的命，她們要用刀宰我，跟宰豬一樣，一刀下去，我的媽呀！俺又昏死過去了。

大概我死去了三、四天，俺婆婆說，真跟死人一樣，眼睛都散了瞳，鼻子下邊只有一絲兒遊氣兒，都叫人給娘家送信去了。唉！我還真算命大，還了陽，要說這馬姥姥可真有本事。生這個孩子，俺真算是死裏逃生，閻王爺沒收我呀！可下身挨了一刀，馬姥姥用的就是縫被子的針和線給撩上的。你說這女人還是人嘛！都不如牲口了！寶兒他爹是倒著出世的，俺們娘倆如前

世的冤家，我就不愛看他。他吃俺的奶，拚命的往死裏咬，氣的我用巴掌拍他，吃一次，俺就拍他一次。就跟有世仇一樣。

寶兒他爹就在這個炕上一點點地長大了。不喜歡他，也得奶他。醒著時候抱著他，睡覺的時候摟著他。他會爬的時候，把這炕席都蹭破了好幾張。他會站起來的時候，就扶著炕琴、炕桌、窗戶臺、被褥垛腳不停閒地下亂轉，這些事兒都好像在眼前兒一樣。

後來，寶兒爹娶了媳婦，他媳婦生寶兒的時候也不是順產，人也折騰得九死一生。這盤炕也讓血很染紅了半邊，這不，炕沿子都叫她給蹭劈了。

有時俺睡不著覺，就拍著炕想，人生到底是怎麼回事兒，在炕上生，炕上長，又在炕上死，說它是個福址吧，可是又像個屠宰場，我永遠忘不了馬姥姥用刀捅我時候的模樣。

「一間屋子半間炕」，舊日經濟落後的農村，祖孫三代人同住一間屋，同睡一盤炕是司空常見的事情。

勞作的場地

口述人：史兆豐，男，58 歲，河南壩縣鄉史撰寫員

有一個場景經常佔據我的腦海，那是我考上縣中學就要離開農村之前，鄰居二大爺坐在我家的炕頭上，盤著腿，抽著煙，撫摸著放在炕上的那只有紅顏色的茶水碗，跟坐在炕上的父母說話，說話的口氣是漫不經心，神態漠然，屋子裏的空氣相當凝重。「唉！家裏除了耗子，連個帶毛的都沒有。」

二大爺和我父親年齡相當，常到我家串門，每當來的時候，除了煙袋，

手裏還攥著一縷麻皱兒，坐在炕頭上說話，手也不能閒著，幹活兒，搓麻繩。他家很窮，他說這句話時是上個世紀70年代末，我正念中學，那時候村子裏基本沒有富裕戶，他家窮到什麼程度，現在讓我形容，還真找不出一句合適的詞。不過，那時家家都不富裕，他說這句話時，父母也都放下手中的活兒，低著頭看著炕席，顯得心事重重，是我的父母也在反思我的家境呢？

　　他們這麼嚴肅地坐在一起，並不是商量什麼事，只是平常的閒聊，每當農閒或者冬季我家的炕上就有這種場景。主人和串門子的都是一邊幹活一邊說話，女人納鞋底，縫縫補補做針線；男人搓繩子，或是在地上收拾農戶家什。農村人閒不住，這些都是必不可少的一項家事活動，特別是對於上了些年紀的人來說，那是一種享受，也是一種釋放心情壓抑的方式。

老奶奶坐在炕上不停地搓麻繩。

　　「家家都有一本難念的經。」這是這個農民經常說的另一句話。那時候我不知道他有什麼為難的心事，我除了念書，還偷偷地喜歡上了寫作，他們說話時，我趴在櫃子上好像是寫作業，實際是寫村子裏的人和事，我的心思不在大人的話語裏，當然不理解他說話的意思。

　　還有一個老婆兒，住在我家前院，經常到我家串門兒，她納著鞋底兒，跟母親說話時，經常偷著瞅著正在寫東西的我，可能從我只念書不幹活兒的

行為上有了感慨，就說出一句農民式的經典語言：「人家老李家那個大小子在石匠山起石頭呢，一天工也捨不得耽誤！」她說的老李家是誰家我不知道，村裏姓李的好幾戶呢，而老李家的大兒子是誰我就更不知道，他的用意並不是說「老李家的大小子」，而是強調「一天工也捨不得耽誤」。在農民的眼光裏，天天不停地幹活兒才是過日子的莊稼人，他們不管幹活兒是否獲得什麼利益，試想，他們除了不停地勞作，還有什麼維持生存的辦法呢！

就拿我們家的炕頭來說吧，在我的理解中，它應該是個休息精神的地方，它的主要功能應該是用來睡覺。其實不然，它還是個勞動的場所和幹活兒的作坊。

嫂子和小姑子一邊納鞋底兒，一邊拉家常。

俺娘每天早上，天還麻麻亮就起來，燒火做飯，待我爹一咕嚕起來，吃兩口下地，就開始剁野菜，熬豬食，忙完地下，俺們也都起身上學去了。俺娘就開始疊炕、掃炕，把紡車了往炕上一放，拿出棉花就紡起來。接著三姨、二大娘揣著針線、帶著鞋底子來串門，大家圍著炕桌一坐就幹起來。張家長李家短的足這麼一聊，聊到開心時，就笑一場，聊到傷心時，就哭上一場。一晃日頭到了中天，大家散去就開始張羅午飯。男人們幹活兒遠的，就送飯到地頭上吃；離家近的就回家吃，吃完了還能在炕上歇個晌。

從下午到晚上，這個炕頭又熱鬧起來。搓玉米棒子、剝豆子，打袼褙、

摺棉花套子，補褂子、縫襪子，有時還在炕上孵小雞兒，烘麥種。真是物盡其用，這盤炕從早到晚就閒不著。有時俺爹干木匠活兒，就在炕沿子上釘呀、鋸呀，把個光溜溜的炕沿兒弄得麻麻坑坑的，可把俺娘心痛死了。晚上，在炕上吃完飯，油燈一點，我在燈下做功課，俺娘不是剪鞋樣，要不就剪窗花兒；俺爹叼著煙袋搓火繩。忙到月上牆頭，實在沒精神了，這才掃炕、鋪被，睡覺。

農村炕頭上日復一日的勞作，同樣也影響著我的行為。我工作後，常常想起這些情景，使我也養成了業餘時間和節假日幹點什麼的習慣，一閒坐就恐慌，不去想這麼做會有什麼收穫，只記住「一天工也捨不得耽誤」，這就是我這個人有些愚頑的原因。

待客的廳堂

口述人：孫有理，男，64歲，陝北米脂大窯村民辦小學退休老師

新房上樑、閨女出嫁、兒子取媳婦、孫子辦三朝、滿月、過周、老人們做壽，這些都屬於農村的「紅事」。孩子夭折、老人壽終，都屬於「白事」。不管「紅事」「白事」，也不論貧富，鄉人們都要擺酒席的，邀請親朋好友們前來慶賀或是舉哀。當然，這些事兒可大辦，也可以小辦，一是根據本家的經濟能力，也要慮及當時的環境，時興與不時興。大多數都是舉家之力準備，選定黃道吉日，舉行一定的儀式，辦好了鄉鄰們高興，本家兒也很風光。

要辦好這類「紅白事」，關鍵在一個「禮」字，這個「禮」字，連著一個「吃」字。讓客人們「吃好」，本家也就禮到了。孟子說：「食色，性也」，《禮記》中也有「飲食男女，人之大欲存焉」的講究。鄉下人雖說是輩輩窮，沒見過什麼世面，可食規有方，頗有古人之風。這種待客的事兒，不論是大小，主席都要設在屋內的炕頭上。放在炕下的一桌，地位次之，設在屋子外邊的又次之，擺在大院子裏的就次之的次之了。不論是上席下席，無論食桌的圓方，均以正向位為首位，依次排座下來。

炕上這一桌的規矩更大。盤腿兒正向背窗端坐的座位一定要留給輩份最高的人，正座兒確定了，那麼正座右邊的這個位子就是最有面子的地方了。古語裏講「無出其右」，意思就是再也沒有可以超過它的地方，「右者為尊」嘛！此外，還有「論輩兒不論歲數」的講究。鄉里的親戚圈套圈，家裏的輩份就跟年齡脫了鉤，小年紀輩兒大，大歲數輩兒小。遇過排序上炕的時候，也

要顧及「蘿蔔雖小，長在輩兒上」的因素。

農民一家人坐在炕頭上一邊吃飯，一邊商量重要的農事。（尚爾立繪）

貴客要坐熱炕頭，男人上炕，女人要站在下面伺候，有時候客人相邀，實在推不過，女人才側著身兒，半個臀部跨在炕沿上，就算是作陪了。

菜品上炕桌也很講究，效古制：「左肴右胾，食居人之左，羹居人之右。」鄉里招待客人，根本沒有什麼山珍海味，俺們那一帶，沒河沒湖，終年也見不到一條魚，但席上又不能沒魚，就端上一條用木頭刻出的魚來充數，這一點在電影《黃土地》中就能看到，就是這條木魚的魚頭，上桌時也必須朝著首席罷，以為鄭重。

炕頭是最尊貴的地方，主人家再給沏上一壺水，裝上一袋煙，那就天南地北地聊吧，越聊越近乎！

客人要是住下的話，也是有一定規矩的，一般都是要根據輩份高低來安排鋪位。天涼時，要將溫度較高的炕頭（靠爐灶近的一邊）安排給客人，天熱時，要將炕稍讓給客人睡。要是姑爺來了，即使年齡、輩份不大，也要按貴客安排，因為他是「嬌客」嘛！對外人是這樣，自家人也很講究，一向是年紀大的、輩份高的都要睡炕頭。

要是冬天裏，有客人來串門，主人家迎客進屋後的第一句話就是：快快，脫鞋上炕，坐炕頭上，熱乎熱乎……一句話，既體現了主人的熱情，又讓客人一身的寒氣一掃而光，馬上感覺到了主家的溫暖。

儘管是普通的串門聊天，往炕上一坐，也要長幼有序。

娛樂的聖殿

口述人：劉道安，男，73 歲，吉林鐵嶺大巧鎮文化站退休幹部

農村人老老小小一年四季的勞作不停閒，日子過得很單調、辛苦，但是農村人也有農村人的樂子。屋子外邊的不說，屋子內的大炕上，也是一家人歡娛快樂的聖殿。小孩子們在炕上耍活寶、練把式、撒潑打滾、藏貓貓，炕琴、被垛都是他們的戰場。小孩子要騎大馬，讓爹爹、叔叔在炕上爬，都是孩子們的樂子。

女孩兒文明，在炕上玩抓嘎啦哈。嘎啦哈是滿語，指的是一種用豬、牛、羊的蹄骨和一個布面內裝糧食或者沙子的口袋，共同進行的一種遊戲。沙布口袋拋向空中，在它落下的過程中，以手翻動和抓取嘎啦哈的多少，同時還要接住落下來的口袋，以決勝負。骨頭四面都有不同的累計標準，花樣繁多，幾個小女子在一起玩，樂趣無窮。過去嘎啦哈不僅僅是姑娘們喜歡，所有人都喜歡，尤其進入農閒，姑娘們坐在炕上，一玩就是一上午。

此外，農村還興擲骰子、推牌九、頂牛、打天九、鬥紙牌，這都是大人們的遊戲了。其中以鬥紙牌最多。《紅樓夢》中就有鬥紙牌的描寫，說女人們「一個個衣服兒著得精精緻致，頭髻兒梳得溜溜光光，都在那鬥紙牌兒耍子。」書上寫的是富家女子，同樣，鬥紙牌也是農村婦女的一大樂子。漫長的冬季很清閒，女人們就呼三喚兩地把三姨、二大媽叫在一起，鬥起紙牌來。間以些小的賭注，越鬥越上癮，一鬥就是一天。

至今，女孩兒玩抓嘎啦哈依然是件很有趣的遊戲，不少人還把它
當晨練，一直玩到公園裏，引得不少人圍觀。

　　據專家們考證，鬥紙牌可是個古老的遊戲，它起源於宋代。《諸事音考》
中說，宋宣和二年有人上疏云：「共設牙牌二百二十七扇，以按晨辰布列之
位。天牌二扇，二十四點，象天之二十四氣。地牌二扇，四點，象地之東西
南北。人牌二扇，十六點，象人之仁義禮智。和牌二扇，八點，象太和元氣流
行於八節之間，其他名類皆合。」就是紙牌的規制。

農村男女坐在炕頭上打麻將，有時能通宵達旦。

民間玩的紙牌也叫葉子，又名「馬吊」，凡四十頁、上刻印人物及錢、繩

索等圖案之形，有萬貫、千萬貫、索子、文錢諸名。牌中刻印的人物多在
「萬」字牌中。圖像則是《水滸》好漢英雄。尺寸說來北方較大。今天的麻將
牌是從鬥葉子中的「紙牌」發展來的。

　　紙牌一般是由四個人打，鬥紙牌時，四人各先取十張，以後再依次取牌、
打牌。三張連在一起的牌叫一副，有三副另加一對牌者為勝。贏牌的稱謂叫
「和」（音胡）。一家打出牌，兩家乃至三家同時告知，以得牌在先者為勝。幾
位老太太鬥紙牌，大娘、二嬸、四姨、六舅母圍坐一桌，七嘴八舌好不熱鬧。
您聽吧，那不是鬥牌，純粹是在鬥話。

清代楊柳青年畫《鬥紙牌》。（王樹村收藏）

　　打麻將，那可就比較鄭重和排場了。一般說來都是男人圍坐在大炕桌上
打。麻將牌是用竹骨製作的，其中序數牌三類，每類從一到九各四張，一共
二十七種一百零八張牌。又加上七種番子牌，每種各四張，有風牌：「東、南、
西、北」，箭牌：「中、發、白」，共計二十八張牌。總共一百三十六張牌。後
來，人們又添加了花牌，一般有八張，「春、夏、秋、冬、梅、蘭、竹、菊」。
這樣就有一百四十四張了。玩前洗牌，把牌一一反扣過來，牌面朝下，大家
雙手搓牌，使牌均勻而無序地運動。然後大家動手碼牌，每人碼三十四張牌，
兩張牌上下摞在一起為一墩，各自為十七墩，並碼成牌牆擺在自己門前，四
人牌牆左右相接成正方形。

　　開局之後，莊家擲骰子，將兩、三顆骰子的總和所得的點數就是開牌的

基數。以莊家為第一位，按逆時針方向順序點數，數到點數的位置為開牌的牌牆。從右向左依次數到與點數相同的那一墩，由莊家開始抓下兩墩牌，下一家再按順時針方向順序抓牌，直到每個人抓三次共十二張牌，再由莊家跳牌兩牌，其他人依次各抓一張。莊家有十四張牌，其他人各有十三張牌。人們各自分類整理手中的牌，整齊排列，審視牌勢。由莊家打出第一張牌開始，此過程包括抓牌、出牌、吃牌、碰牌、開槓、補直至和牌或荒牌，開始數番唱籌，決定輸贏。

喜歡打麻將牌不是一件壞事。您看，贏牌的人喜形於色，又說又唱；輸牌的人臉上無色，一腦門子官司。一張炕桌，四人圍坐，吃上頂下又碰又和，講技巧論花樣，邊玩邊聊，情趣盎然。

除此之外，還有一種「鬥骨牌」，骨牌運作起來比較簡單快捷，但是，大都附帶賭博的性質，農村裏的青年男子、半大小子，最愛玩這種牌。

骨牌也叫牌九，它的基本玩法是以骨牌點數大小分勝負。骨牌又分大牌九與小牌九，大牌九是每人四張牌，分為大小兩組，分別與莊家對牌，全勝全敗為勝負，一勝一敗為和局；小牌九是每人兩張牌，勝負立現，由於乾脆利落，小牌九流行較廣。它的遊戲流程主要是與莊家比大小，特別的是玩家作莊與其他玩家對賭，也可以輪流做莊。人數包括莊家通常是四人或八個人。各人下注後，由莊家將所有牌面朝下，開始砌牌，然後以八排每排四張排列。用骰子擲出點數，然後按順序將牌分配到每個參與者手中。

此後各人先下注，然後由莊家拋骰子。依照骰子的點數，依逆時針方向派牌。玩家會有四張牌，分開兩組，每組兩張。玩家可自行將四牌兩兩搭配，然後兩組牌朝下，小的點數橫擺放在前面，大的點數直擺放在後面。然後每人與莊家比牌分勝負，必須前後都大於對方才算贏，前贏後輸或前輸後贏就是和局，前後都輸即輸。所以配牌必須講究策略。

與此，骨牌中也出現了一種「碰和」，將二十一種牌色每種五張合成一副。並且有了開槓、自摸加倍、相公陪打、詐胡受罰等規定。骨牌的這些打法和術語也由紙牌接受、繼承下來。

鄉下的老年人是不提倡這種玩法的，因為，年輕人「不當家不知柴米貴」，膽子大，出手重，與老娘兒們的玩法不同，將來賭上了癮，就會去賭局，去押寶，家有千畝良田，也經不住賭桌上遭踏。

說書的藝人在炕頭上帶唱帶比戲，在平素寂寞的村子裏會帶來無
盡的歡樂。

　　此外，在炕頭兒聽書、聽戲，也是鄉間的一大樂子。那位說了，鄉間說
唱、演戲不都是在村頭的場院上嘛？不錯，那是指暑天或秋涼，可是冬天來
得早，夜間也特別的長，農人家口袋房子對面炕，又大又敞亮，為消夜永，家
裏富裕一些的就會叫上一臺「炕頭書」，邀上三、兩個彈弦子賣唱的，進屋上
炕，連說帶比劃地唱上一回。短段兒有《丟戒指》、《背媳婦》，《小老媽兒》，
不僅本家男女老少圍著被子在火炕上一坐，還引來了愛熱鬧的街坊鄰居也擠
進屋來「聽蹭兒」。弦子一響，這「王二姐思夫」思得那個苦哇！真是一把鼻
涕一把淚：

> 王二姐手棒菱花上鏡照，照前照後又照照腰；
> 照前看不見他身子走，照後邊，看不見他的身影兒搖。
> 左照右照照不著二哥張廷秀，留著你個閒物幹什麼？
> 說著惱來道著怒，鏡子摔得八下攔。
> 摔了鏡子摔鏡架，上炕拉倒大被格，
> 拉倒了被格撕被褥，不能蓋鴛鴦還留它做什麼。
> 手拿鎬頭去刨炕，搬起石頭去砸鍋，
> 揚起斧子去劈櫃，香粉頭油地下潑。
> 各樣東西都損壞，我還活著幹什麼！

　　王二姐這一頓「瘋魔」，不僅樂壞了七八十歲的老人，全屋子裏的大姑娘
小媳婦一個個也笑得面紅耳赤，八歪七倒。

這些鼓詞大多是「什不閒」、「單弦牌子曲」，要麼是「京韻大鼓」、「奉調大鼓」，說一晚上多少錢，也有按糧食折算的。花錢不多，這家請一宿，那家請一段兒，轉一遭就是十天半月。有的點大書，什麼《三國》、《水滸》、《施公案》，一部書下來就得個月期成。

「寧捨一頓飯，也捨不得二人轉」，這是改革開放以後，二人轉的小班子在農戶家中炕前的演出。

如果再多花幾個錢，可以邀上一臺「炕頭戲」，也叫「二人轉」。一個旦、一個大丑子，兩三個絃索、喇叭，那可就熱鬧起來了。要在屋子裏唱，地下得寬綽，要是對頭炕，乾脆就騰開一鋪，二人轉就上炕了。因為鑼鼓一響，旦和丑有動作，先扭「浪秧歌」。旦角化著裝，亮亮地喊一聲：「傻哥哥，走啊！」丑角趕緊接：「老妹子走啊！」曲牌子一響，旦角作清晨乍起，開門、潑水、賣呆，用手柔腕，摸鬢邊，正髮髻，捏耳環，正領、抻襖，提鞋，緊圍裙，「小摳搜」；丑子在一旁憨拙地忙活，傚仿，插科打諢，丑角的傻相，逗得人們前仰後合，笑出了眼淚。接下來二人開扭，弄扇子、手絹，調情逗場，放風箏、撲蝴蝶，丑角要走蹲踢相、矮子步、八字、弓箭、探海、浪腰，套著你嗔、我怪、閃腰、岔氣兒的男女調情和逗趣。接著碎步圓場，又是拉鋸，又是推磨，挎膀轉、卷席筒、刮旋風，緊走慢趕，撩逗煽情，屋裏的老少爺們，一下就炸了窩。

接下來，由本家點戲開唱。唱什麼段子要看本家有什麼嗜好，屋裏的聽主兒男女成份的多少。本家正經，女客兒多，那就唱《大西廂》、《大逛燈》、《黃氏女遊陰》、《楊八姐遊春》等等。如果出錢的本家好熱鬧，沒女客，不避嫌，那就上「春活」了。什麼《小老媽進京》帶上炕的，《樊梨花請藥》帶墊枕頭的，《高老莊娶親》帶拱門的，《大寡婦哭墳》帶偷人的；「驢勝馬吊大五暈」，什麼都能唱出來。早年間，唱旦的叫「包頭」，都是男人扮的，人稱「下三爛」，裝瘋賣傻，啥事都幹得出來。鄉下人一年到頭也沒什麼解悶的，開開葷，過過耳癮，也算是種「酬勞」。

早年間，不同時期的政府都有「明令」，為存風化，不准「二人轉」進城。而今不同了，「二人轉」摒棄了「春口」、「葷段」，不僅進了城，還上了電視，趙本山曾激動地說：「過去我表演的炕頭戲，終於走進了瀋陽的大舞臺。其實，能讓瀋陽人、能讓全國各族人民都認識並接受二人轉，一直是我最大的願望。今天，我走出了第一步，我願意讓二人轉成為遼寧省旅遊的招牌。」

決事的帷幄

口述人：李芝圃，男，76 歲，山東黃縣海子島村農民

農家的火炕看似是讓人睡覺的地方，其實，它的附屬功能很多，一家人幹活兒、休息、吃飯、聊天、議事、會客、娛樂、多一半都在炕上，尤其「開會」、「決事」更為重要。就我所見，家裏重大的事兒，如孩子們婚事，爺爺奶奶的喪事，姑姑、姐姐嫁人，老大老二娶媳婦；還有家中的農事，自留地種什麼？何時下種子？何時澆水？何時打藥？秋收了，糧食多少錢一斤？今年的房子要不要苦頂子？炕要不要重新盤？農閒時要不要外出打短工？這些有關家計生活的大事兒、小事兒，都是在家中的炕頭上決策的。

現在是不鬧運動了。據我祖爺說，當年「鬥爭」地主、分田分地，也是在炕上。地主、富農站在地上，貧下中農坐在炕頭上，鬥急了，還把地富「打翻在地，再踏上一隻腳，叫他們永世不得翻身」。

後來，村裏動員小夥子們當兵去朝鮮，農村人覺悟低，誰願意去呀，都大眼兒瞪小眼兒，悶頭坐在炕上，來個「徐庶進曹營，一言不發」。隊幹部有主意，說好了，誰先從下炕上下來，就算誰願意了。說完，就讓手下人往灶膛裏添秫秸，把火炕燒得個滾瓜熱，熱得人屁股不能沾炕。大小夥子實在挺不

住的，就從炕上跳下來。好，隊幹部一鼓掌，就算是一個「自願」！就這樣，不到一頓飯的工夫，就都「光榮入伍，自願參軍」了。

這些有關家計生活的大事兒、小事兒，都是在家中的炕頭上決策的。

解放後，會更多了，都是決定「國家命運」和關乎「兩條路線鬥爭」的大事兒。上邊時不時地派工作組到村裏來「煽風點火」。他們認定了我家「根紅苗壯」，三輩子要過飯。其實，「要飯」這事兒是我們這一帶的風俗，不論家境如何，秋後沒事兒，拄根棍「要飯」，只當走親串門兒。掙些乾窩頭、饅餅子，背回來可以漚醬。上邊下來的「工作人」每回都住我家，奶奶讓我管他叫「大叔」。自從「大叔」進村後，俺家的炕頭就是他的辦公室，炕桌兒就是他處理公務的辦公桌。他整天整夜的開會，我家的炕上常被開會的人擠得滿滿的。到了晚上要睡覺的時候，炕上幾乎沒有個閒地方。這樣，常常是奶奶端個火盆抱著我坐在灶坑旁，我便睡在奶奶的懷裏，等人們提高了覺悟，形成了共識，散會，奶奶再把我放到炕上睡。

那時的冬天是很冷的，我為此常常感冒，後來爺爺就不讓人們到我們家開會「串聯」了。從此，「大叔」開始對我爺爺有意見，說我爺爺「變質」了，「背叛了革命」，抵抗「運動」，後期，還對我爺爺進行了一段「隔離審查」，因為沒發現有什麼「歷史問題」，就給他訂了個「蛻化份子」，送到縣裏集訓隊裏集訓。

時至而今，農家的炕頭仍然是農村幹部開會的最佳場所。小數民族地區也不例外。

　　從那兒以後，我再也不小看炕頭了，它的確是個很神聖的地方，不僅是在「吃、喝、拉、撒、睡」的地方，它還能產生思想，產生決策。往小裏說，一家一戶的「決策」，不僅關乎一家子的生活方針和全年的經濟收益，若是大隊部炕上的「決策」，自然就關乎全村人的命運。往大了說，當初弄革命的時候，偉大的首長們坐在炕頭上形成的「決策」，那可真是關乎「國計民生」和「革命成敗」的大事，「差之毫釐，繆以千里」，動不動就會「千百萬人頭落地」。翻一翻歷史畫冊，毛澤東、周恩來、林彪、劉少奇他們在延安，都是坐在窯洞的炕頭上「運籌帷幄」的。

毛澤東和他的夫人江青在上個世紀四十年代初，二人坐在延安窯洞的炕頭上辦公、學習。

息養的頤所

口述人：趙大元，男，88 歲，河南新鄉二道河子農民

我老了，今年八十八了，這個炕頭兒就是我的息養之所，也是我的送終之地呀！您說，不要這麼說，這壽還長著哪！我也是這麼想，但是，我自己的體格兒我自己知道。

您知道，我青年時身子骨有多梆，那真像一顆樹，一顆頂天立地的大樹。幹活從來不知道累，放下鋤、拿起了鎬；放下了鐵鍬，就拎起了梢，整天就不閒著。十鄉八里的比一比，推碾子、拉遛軸，永遠第一。兩匹騾子拉的車，我都敢跟它較較勁兒。當兵時，去過朝鮮，俺就憑著推大炮、扛子彈的牛勁，楞得了一個二等功。回來時當民兵大隊長，拉練、實戰、挖防空洞，向來是一個頂倆。這不，又趕上時興單幹，「分田到家，開荒歸己」，你看對面荒石山上的幾十畝地，都是我一鎬一鎬開出來的，全鄉里誰不挑大姆哥。

那時，什麼叫感冒，什麼叫發燒，成年價與我無緣。就是染上個頭痛腦熱的，您看，這盤火炕就是最好的大夫。根本不用吃藥，灶膛裏添上一把火，光著身子往被窩裏一鑽，一場大汗發出來，嘿，從頭到腳三萬六千個汗毛孔都張開了。什麼細菌病毒，早都一遛煙地滾出體外囉！

唉！要說這火炕可真是好東西。可我從來就不戀炕，只要兩眼一睜，立馬兒下炕幹活去。人都說「老婆孩子熱炕頭，給塊金磚也不收」，可對我，就從來沒有那份吸引力。你嬸子總罵我不是人，是頭闖過的大牲口。

唉！現在老了，腰不行了，腿也不行了。這腰不知怎地不給勁了，貓了，一年比一年貓得深；這條腿也成了老寒腿，大夫說這都是年輕時用力過度了，「勞損」，就是這個意思。年輕時，笑話過老人，而今是「說嘴打嘴」，現世報啦！這不，整天偎在這盤炕上，懶得下地了。人躺在炕上，眼睛望著窗戶，一會兒太陽升起來了，一會兒又落下去了；一會月亮升起來了，一會又落下去了。睡不著覺，想的都是過去的事兒。一會兒上樹摘棗、一會兒下河摸魚；一會兒趕集與人幹架，一會兒又到了戰場，追呀！殺呀！跟真事一樣。

我常想，這炕可真是好東西。我常說「爹親娘親不及炕親」，因為爹呀、娘呀，早就棄我而去了。孩子們忙，給我端飯遞水的也就很不錯了，「久病床前無孝子」嘛！只有這盤炕，既不嫌我，還格外地痛我。晚上，朦朦朧朧的，竟覺得這炕自個兒晃悠起來，來來回回地晃悠，我好像躺在搖籃裏，真是「返老還童」了，好像剛生出來。你說怪不怪。我自個兒琢磨，可能我的陽壽盡了

——，嗨！可是第二天，一睜眼又還陽了。還是這盤炕捨不得我，不讓我走，它是我盤的嘛！好使著哩。

冬天的炕頭上總放著一個炭火盆，火盆裏煨著一些燃燒的炭。炭火不大，但冉冉不息。老人在上邊時不時地暖暖手，溫上一碗熱茶，烤上塊白薯或幾枚紅棗，閒時磨磨牙，也是享了清福。

不過，我們這兒有個習慣，偎在炕上可以休養生息，可以怡養天年，但不能「挺」在炕上，也就是不能死在炕上。因為，那樣算不吉利，別的活人還得睡呢！所以，家里人一看老人和病人實在不行了，鼻下還有一絲兒遊氣兒，就趕快穿壽衣，搭門板。穿好了壽衣，接著就抬到門板上去嚥氣。我有時覺得有些恍惚，就叫孩子們搭門板，我是怕第二天就不睜眼了。

您知道，他們怎麼說：您老放心吧！閻王爺旅遊去了，一時半時不回來哪！您就踏踏實實地睡。灶膛裏的火燒得歡實著哪！

七、炕的其他

暖炕

　　暖炕作為名詞講，是指北方人用土坯或磚砌成的睡覺用的長方形的檯子，上面鋪席，下面有孔道跟煙囱相通，冬天可以燒火取暖。

　　　　爽氣西山挹得來，圍時漸漸覺春回。

　　　　居人雅有消寒興，酒熟茶香不用催。

　　這是清人在《燕臺竹枝詞》中對北方民居中暖炕的描述。這種暖炕不同於前面介紹的火炕，它是老北京城內居民的一種睡炕。

北京殷實之家的暖炕。

　　郭健寧先生在《京報網》上撰文，介紹他兒時所見到的一種富家主用的暖炕。他說：「幼年時我被寄養在今東城祿米倉胡同一曹姓朋友家中。住在這裡時，此戶雖已衰敗，但「船破有底」，日常生活仍保留著老北京人富家主的習俗與做派。他家的爐架是祖傳下來的黃銅架，下面三足鼎立，周身鎏金加飾，上面有圓形大爐盤，總被擦得鋥光瓦亮，纖塵不染，擺在北屋客廳正中，十分氣派。

　　彼時，城里人大多不睡床而睡炕。暖炕一般是用青磚砌成，炕面是木質的。磚炕下面前臉正中設有方形暖炕通道口，並設有木質門板，門板上開有古錢形透氣孔。燒暖炕的暖炕爐大多也是用不灰木製成的，高不過盈尺，用鐵架框住，下設三個小軲轆。待把暖炕爐在室外點燃後，從通道口把其推入炕內，一頓飯的工夫，整個暖炕就暖融融的了，躺在上面頓覺十分舒適愜意，真有一種氣死活神仙的感覺。在下幼年時患有小兒麻痺後遺症，每至冬季，雙腿似死人一般冰冷，常常睡上一覺也暖不過來，自從睡上朋友家的暖炕，才算擺脫了冰冷的煎熬。」

　　當「暖炕」中的「暖」字作為動詞解釋的話，則是招待親朋好友同賀新炕的意思，是冀中一帶的一種風俗。農村中的火炕，一般手勤的家主大都一年盤上一次，舊炕拆了，把舊磚坯搗碎，再與平時積攢下來的草木灰和在一起，便是上好的農家肥，用它來上地，可有勁了。不大勤快的人家，也要兩、三年盤一次新炕。當每家每戶把新炕盤起來的時候，都是要備酒請客。把幫過忙的街坊四鄰請到家來，盤腿上炕，乾上兩杯老酒，樂合一番。這種習俗就叫「暖炕」，與給新蓋的房子「暖房」是一個意思。

　　「暖炕」二字作為口頭語的話，比如長輩對小輩的說：「去，給你爹暖暖炕。」就是叫晚輩的把被窩鋪好，而後先躺到被窩裏，用體溫把被窩溫暖，再請長輩去睡，以示孝道。取意《三字經》中「香九齡，能溫席，孝於親，所當執」之意。如果是平輩人開玩笑，大伯子請小姨子「暖炕」，那可就有些呵嘇人了。

炕上的

　　在北方鄉間的方言中對已婚的男人、也就是「丈夫」的叫法有很多，如：老漢兒、俺男人、漢子、掌櫃的、當家的、他爸、他爹、女婿子，外邊的。這些名稱中，有的突出性別色彩，有的則表現男人在家庭關係和社會生

活中的地位。這些詞彙中含有不少「男尊女卑」、「男主外，女主內」的社會意識。

與之相對，女人卑微、主內，沒有社會地位，故而稱謂也極盡褒貶之義，譬如「弄瓦」、「裙衩」、「荊釵」、「女流」、「賤內」、「內子」、「內助」、「中饋」、「糟糠」等，沒出嫁時叫「丫頭」、「小女子」，出了嫁叫「小媳婦」，更為俚俗的則稱：「家裏的」、「屋裏的」、「炕上的」。侯寶林先生講話：「這家裏的、屋裏的、炕上的東西多了，指的是哪一件呢？一個大活人怎麼就變成了一樣叫不上名的東西了呢！」這也是千百年來的封建所導致的結果，「女德無極，婦怨無終」，「唯小人與女子難養也」嘛！

古語中本來也有很多對女人讚美的稱謂：譬如《詩經》中的「釐爾女士」、「窈窕淑女」；古樂府《木蘭辭》中「同行十二年，不知木蘭是女郎」中的「女郎」；《晉書》中的「巾幗」，唐詩中的「佼人」、「玉女」這類稱謂，但從來不會與鄉下婦女發生任何連帶關係。

稱謂是人們由於身份、職業、性別不同，而反映人們不同社會關係的一套名稱。稱謂語在一定的歷史條件下產生，並在一定的歷史階段使用，反映了特定時代的政治、經濟、文化以及人際關係。顯然，在以男性為主導的父系社會，尤其是封建社會之後，女性成為男性的一件附屬品。

顯然，「炕上的」這個詞不僅表明對女子地位的輕蔑，而且包涵有一種「性奴隸」、「性蔑視」的意義。這一稱謂至今在一些偏遠的山區依然流行。

炕畫兒

「過新年，貼年畫」，是我國相傳久遠的一種民俗。因為這些年畫大多貼在農家的炕頭上邊的牆上，給習慣於炕上生活的人們帶來了無盡的歡樂。所以，人們亦稱之為「炕畫兒」。

「炕畫兒」是用木版套色印製而成的，早在北宋時期，就已十分流行了。孟元老的《東京夢華錄》記載：「近歲節，市井皆印賣門神、鍾馗、桃板、桃符及財門鈍驢、回頭鹿子、天行帖。」這些，都是年畫的前身。

木版印刷技術，是我國勞動人民的一項重大發明，年畫上那些生動有趣的故事，有歷史故事、民俗民諺、京劇戲齣、花鳥魚蟲，凡人們喜聞樂見的題材盡入畫圖之中，而且繪製精美，色彩絢麗奪目，深受廣大群眾的歡迎，在民間一直流傳不衰。清季，天津的楊柳青、山東的濰坊、蘇州的桃花塢、四川

的綿竹，都是出品年畫的重鎮。年畫從粉本的繪製，到雕版、印刷，都是由農村家庭手工作坊式的生產來完成的。蔣敬生有首《竹枝詞》讚美農村的「炕頭畫」：

> 雕刀豔彩印吉祥，珍版傳承世代藏。
> 印出財神來送寶，趣迎老鼠嫁姑娘。

一到新年，家家都買喜愛的年畫，把它貼在自家的熱炕頭上，各式各樣的戲齣、花鳥山水吉慶話，無所不有。木版年畫《連生貴子》最招農民喜愛，新房之內必貼一張，據說新人常看，必有望生個胖小子。

　　老鼠娶親是流傳民間的民俗故事，也是「炕頭畫」上的重要題材。民間相傳正月初三晚上是「老鼠娶親」的大日子，會聽到老鼠吱吱叫的聲音，為了不打擾老鼠娶親的好事，當晚都會提早熄燈就寢，並且在廚房的角落撒上一些米鹽、糕餅與老鼠共享新婚的歡樂，這些東西俗稱「米妝」，希望與老鼠打好交道以求年年豐收。

　　「炕頭畫」內容豐富，有歷史故事、民俗民諺、京劇戲齣、花鳥魚蟲，凡人們喜聞樂見的題材盡入畫圖之中。像春耕圖、秋收圖，過新年圖，富貴滿堂、福祿壽喜、漁樵耕讀、春夏秋冬，此外，還有民間、戲劇傳說，如「二十四孝」、「梁山伯祝英臺」，「唐僧取經西遊記」、「桃園結義劉關張」等等，大凡人們喜愛的題材悉數包括其中。

民國以後，日本、西歐的石印技術相繼傳入，耀眼奪目的西洋景、月份牌、大美人畫充斥市場。在新技術的排擠之下，木版手工刷印的年畫，才逐漸退出了歷史舞臺。

窗花

山西有首著名的民歌《剪窗花》，歌中唱道：

> 銀剪剪嚓嚓嚓，巧手手呀剪窗花，
>
> 莫看女兒不大大，你說剪啥就剪啥。
>
> 啊兒喲，祖祖輩輩多少年，剪開多少愁圪瘩。
>
> 不管風雪有多大，窗欞櫺上總開花。
>
> 銀剪剪嚓嚓嚓，巧手手呀剪窗花。
>
> 奶奶喜呀媽媽誇，女兒就像畫中畫。
>
> 啊呀喲，一扇一扇紅窗花，映出豐收好年華。
>
> 綠的草紅的花，報春的喜鵲叫喳喳。

所謂窗花，就是北方農家窗子上的剪紙。舊日的北方，春節期間家家戶戶都貼窗花。美麗的窗花透過室外明亮的陽光，更顯出光鮮的色彩，給冬日的農村增添無盡的春色。人們坐在溫暖的火炕上，看著窗上的春牛、碩鼠、紅花、綠草，宛若進入一個童話世界，給平民百姓的生活增添了無窮的歡樂。春節期間，假若誰家未貼窗花，就好像他家火炕的煙囪不冒煙一樣，人們就會猜測他家是否出了什麼不高興的事情。

自古，窗花與立春就有著密切關係，唐代詩人李商隱曾在《人日》詩中寫道：「鏤金作勝傳荊俗，剪綠為人起晉風」。人們用剪紙來慶賀新春的到來。

五彩窗花《鸚鵡牡丹》。

北方的農家在春節之前都要往窗戶上剪貼窗花。

作家安黎曾在散文《窗花》中深情地懷念著渭北的窯洞生活。他說:「尤其不能令我忘懷的,是窯洞的窗格上爛漫的窗花。」他說:

> 窗花幾乎全部在冬天燦爛。這當然與農閒有關,但農閒不是根本的原因。冬天是無花的季節,冬季的花如雪蓮、臘梅等,在渭北的上原根本看不到;惟一的自然之花,就是時不時縈舞的雪花。窗花則渲染著冬雪,可以驅走人們心靈上的乾旱,給貧窮的人們帶來豐衣足食的希冀,給寒冷的鄉民帶來生命的暖意,給寂寞單調的生活帶來色彩和趣味。

> 窯洞的窗子一般都製作成木格狀,上面黏一層白紙。狂風一吹,紙就瑟瑟顫慄,發出蚊蠅鳴叫的聲音。少女和少婦們是最忙碌的,她們攤開五顏六色的紙片,手持一把小剪刀,三五成群地圍坐在一張土炕上,開始剪窗花。她們把窗花看得很神聖。誰窗花剪得好,全村人都會跑來觀賞,並會得到無休無止的讚揚;而誰窗花剪得差,人們會看不起她,她心不靈手不巧,嚴重點兒,她嫁人都有些困難。許多媒人說媒,懷裏就揣著姑娘剪的窗花,到了男方家裏,先把窗花拿出來,那時候,農村人總是把剪窗花與縫衣服聯繫在一塊兒看的,他們的意思裏有這麼一個推論:你剪不了窗花,肯定縫不了衣裳;你縫不了衣裳,嫁媳婦不成了白娶?每個冬季來臨的時候,村子裏都進行著一場悄無聲息的剪窗花比賽。沒有組織

者，沒有加油助威的鑼鼓，但並不影響比賽的認真和嚴肅。於是在村子裏走一圈，就會看到所有的窗子都五彩繽紛，生機盎然。黃土是單調的，而窗花卻在這單調之中，注入了另外的靈魂。

窗花的內容概括起來不外乎兩種：一是植物，一是動物，人自然歸屬於動物之列。在無花的日子裏，花朵卻在窗格上恣肆。如果古人描繪它，會用「花鬧窗櫺」幾個字。的確束束花朵不但神韻俱備，而且形態上都挺誇張。牡丹有點兒胖，菊花有點瘦，玫瑰妻妾成群，鬱金香攜兒帶女……意味深長的是，窗花更多的與吃有關，映現著農民們對食物的渴望。麥穗特別肥大，玉米棒籽粒圓滿，蘋果鮮紅壯碩，桃子鮮嫩豐滿。也許人們太需要這些東西了。但現實生活中他們難以得到，於是只有把夢想編織在窗紙上。的確，我曾親眼目睹過有的幼兒想吃窗紙上的蘋果而不能時哇哇啼哭的景象；我也看到過鄰家大爺餓得臥床不起，凝望著窗花時木呆的眼神。窗花顯示著村姑的手藝，也在詮釋著莊稼人的夢想。

陝北的偏遠地區，年畫普及不到的地方，人們對美好生活的憧憬不會泯滅。巧手的媳婦用剪刀剪出來的花紙，醒目顯眼地貼在炕頭上，依然給幽暗的土窯帶來明媚的春光。

炕頭謠

炕頭謠，就是北方市井或農村的百姓家中，老奶奶坐在炕頭上哄著孫兒孫女們唱的一些兒歌。譬如：

> 拉大鋸，扯大鋸，姥姥家唱大戲，
>
> 接姑娘，請女婿，小外甥兒你也去。
>
> 小耗子，上燈檯，
>
> 偷油吃，下不來；
>
> 急的老鼠兩眼直呆呆。

這些簡單的，富有節奏的歌謠，在昔日文化生活極度貧乏的時代，給孩子們不知帶來多少歡樂和遐想，也給平民百姓平淡的生活帶來了無數的樂趣。這些兒歌是誰創作的呢？不知道。這些兒歌又起於何時呢？也著實無法考證。反正都是父一輩、子一輩的這麼傳唱著。教授者都是白髮沒牙的姥姥和奶奶。好奇的孩子要尋根問底討個究竟，姥姥會說：「這是姥姥的姥姥教的」；奶奶也會說：她是跟「奶奶的奶奶」學的。從古至今沒有一個飽學之仕去認真地考究它，去仔細地研究它。但就是這些產於炕頭，傳之於炕頭，白之又白，俗之又俗的歌謠，就這麼瓜瓞綿綿地傳唱至今。

東北地區的農民畫《炕頭謠》。

這些炕頭謠是中國炕文化的重要組成部分。這些歌謠內容豐富、生動感人，它不僅僅具有兒童啟蒙教育的文化功能，而且，具有深厚的文化積沉，反映出舊日勞動人民生活的艱辛與淒苦，也委婉地反映出婦女的辛酸和不幸。筆者就自己的部分搜集，做些簡單的分類，與讀者一起回憶一下兒時的歡樂。

譬如說，天亮了，小孩貪睡，賴在炕上不起來。奶奶就一邊抱，一邊唱：

　　天明咧，雞叫咧，小禿兒起來戴帽咧。

　　別怕別怕，跟著奶奶穿褲穿褂。

　　別嚎別嚎，跟著奶奶穿褲穿襖。

從炕上起來後，小孩不愛洗臉，怕水淹了眼睛；小孩子更不愛洗頭，怕水嗆了鼻子。姥姥就哄著唱：

　　洗洗臉，不長疙瘩不長癬。

　　洗洗頭，給你穿上紅綾綢。

　　小眼兒看景致兒，小鼻子聞香氣兒；

　　小耳朵聽好音兒，小嘴兒吃玫瑰兒。

　　洗完臉，同來看，黑雞下了個白雞蛋。

　　洗完頭，再來瞧，耗子長了一身毛。

好容易把臉和頭都擦巴完了，就該哄孩子在炕桌上吃飯了。姥姥就唱：

　　小小子兒開鋪兒，開開鋪兒兩扇門兒；

　　小桌子兒小椅兒，扁木筷子兒小碟兒。

　　一抓金兒，二抓銀兒，三不笑，是好人兒。

　　小五兒，小六兒，一塊冰糖，一包豆兒。

　　小五兒愛上高，一爬爬到柳樹梢；

　　柳樹梢枝兒軟，摔的小五兒翻了眼。

　　小六兒真淘氣，戴上鬍子唱齣戲；

　　唱完了戲，喝熱湯；

　　湯不涼，燙的小六兒叫親娘。

　　小寶貝，冰糖加梅桂。小貝寶，桂花加小棗。

孩子要是挑肥揀瘦，招五鬧六，不好好的吃飯，姥姥坐在炕上哄：

　　吃豆豆，長肉肉，不吃豆豆精瘦瘦。

廟門兒對廟門兒，裏頭住著個小妞人兒。

白臉蛋兒，紅嘴唇，扭扭捏捏，愛死個人兒。

張奶奶，李奶奶，俺家有個小嬰孩；

站得穩，坐不歪，好吃餑餑不吃奶。

你不吃，餵狗吃；小狗搶你的飯碗吃。

吃飽了飯，撒了尿，屙過屎，孩子們就在炕上玩了起來。一邊玩一邊唱，常唱的有：

說了一個一，道了一個一，甚麼開花在河裏？蓮蓬開花在河裏。

說了一個二，道了一個二，甚麼開花一根棍兒？韭菜開花一根棍兒。

說了一個三，道了一個三，甚麼開花在道邊？蒺藜開花在道邊。

說了一個四，道了一個四，甚麼開花一身刺？黃瓜開花一身刺。

說了一個五，道了一個五，甚麼開花一嘟嚕？葡萄開花一嘟嚕。

說說一個六，道了一個六，甚麼開花一碟肉？秫秸開花一碟肉。

說了一個七，道了一個七，甚麼開花賽公雞？雞冠子開花賽公雞。

說了一個八，道了一個八，甚麼開花賽喇叭？茉莉開花賽喇叭。

說了一個九，道了一個九，甚麼開花做燒酒？高粱開花做燒酒。

說了一個十，道了一個十，甚麼開花像羹匙？玉簪開花像羹匙。

金軲轆棒，金軲轆棒，

爺爺打板兒，奶奶兒唱，一唱唱到大天亮。

養活了個孩子沒處放，一放放在鍋臺上，

嗞兒嗞的喝米湯。

小淘氣兒，跳鑽鑽兒，

腦瓜兒上，梳著個小蠟千兒。

一人學了八宗藝，

撞鐘、踢球，外帶打嘎嘎。

槐樹槐，槐樹底下搭戲臺；

人家的姑娘都來了，我家的姑娘還不來。

說著說著來到了，

騎著驢，打著傘，光著屁股挽著纂。

在這些看似稚嫩的炕頭謠中，時不時地常流露出姥姥、奶奶輩兒，她們兒時的經歷和辛酸。孩子們在歡快的遊戲當中，順口唱著他們根本不明白的事兒：

松枝兒樹，掛鈴鐺，親娘賣我在前炕上。
梭子米飯，小魚兒湯，端起飯碗兒想親娘。
擱下飯碗兒上後炕，哭了一聲哥哥，妹妹誰還想誰？
親娘想我一陣風；我想親娘在夢中。

花椒樹，紅骨朵兒，十七八的姑娘做媳婦。
公也打，婆也罵，小姑子過來說壞話。
爹爹不用怒，媽媽不用惱，明天後天一定回娘家。

紅葫蘆軋腰兒，我是爺爺的肉嬌兒，
我是哥哥的親妹子，我是嫂子的氣包兒。
爺爺爺爺賠甚麼？大箱大櫃賠姑娘，
奶奶奶奶賠甚麼？針線筐箍兒賠姑娘。
哥哥哥哥賠甚麼？花布手巾賠姑娘。
嫂嫂嫂嫂賠甚麼？破螺子爛罐子，打發那丫頭嫁漢子。

親家女兒會梳頭，一梳梳了個麥子熟。
麥子磨成麵，芝麻磨成油。
不喝你們茶，不喝你們酒，瞧瞧親娘我就走。

樹葉兒多，我媽養了我獨一個；
金盆裏洗，銀盆裏趴，長大了給我說婆婆。
十個公，十個婆，十個老頭兒挫磨我。

新打的茶壺亮堂堂，新買的小豬不吃糠；
新娶的媳婦不吃飯，眼淚汪汪想他娘。

大哥哥，二哥哥，這個年頭兒怎麼過？
棒子麵兒二百多。頭開花兒一呀兒喲。

這些陳舊的老歌，對於新時代的孩子們可以說是完全漠生的。但對於五、六十歲的長者們說來，又是多麼地熟悉和親切呀！其中的每句歌詞，都會把人帶回如夢的童年，帶回那充滿溫馨和童話般的土炕上。

筆者在加拿大亞洲圖書館珍藏的清代刻本中，偶然間發現了一本小冊子，是蒲泉、群明在 1956 編輯出版的《明清民歌選》，其中，有他們從清刊《百本張》和孤本《別埜堂鈔本》中彙集的一些北方兒歌。這些兒歌都是自乾隆到光緒年間廣泛流行的。筆者將之與自己蒐集的《炕頭謠》進行了一些比較，發現這些正史不錄的兒歌，竟有這麼旺盛的生命力，它們在鄉間老婆婆、老奶奶的世代傳唱中，竟能超越時空的演變和世事滄桑的洗磨，仍然能夠原汁原味，有的甚至一字不差地流傳至今。這足以證明這些兒歌獨具的神奇魅力，筆者特將部分「炕頭謠」引述於此，與讀者共享。

炕曲兒

前一節講的「炕頭謠」，它與本節的「炕曲兒」有所不同。「炕頭謠」是孩提童稚們唱的歌，而「炕曲兒」則是昔日農村婦女坐在炕頭上剪花、縫衣、納鞋底時，自言自語哼著唱著的歌兒。

「剪花娘子」庫淑蘭坐在炕頭上一邊剪窗花，一邊唱炕曲兒。

臺灣漢聲出版社總編民俗學者黃永松先生，他在陝西旬邑縣黃土高坡的窯洞中採訪了「剪花娘子」庫淑蘭，並為其著書立傳，出版了一部大書。他發現這位六十開外的老太太，每當她坐在炕頭上拿起剪子開始剪花時，嘴裏總是念念有詞地唱起來。仔細聽她哼唱的歌詞，你可以想像到窯外的那些看起來並不起眼兒，但生機昂然的花花草草，還有那些灰灰濛濛、似幻似真的山

山水水；從她那有板有眼的曲子中，你彷彿還能看到山村中的婦女為挑水、
洗衣、燒灶、引火，忙忙碌碌辛苦勞作的身影。這些曲子裏面有她們的愛、有
她們的憎，也有她們的歡笑，也有她們的淚零。這些歌不是庫淑蘭一個人的
歌，也不是渭北荒坡一個地區女子們的歌，而是我國北方廣大農村女子們世
世代代傳唱的歌。

正月裏凍冰立春消，二月裏魚子水上飄；
三月裏楓花紅似火，四月裏楊柳罩青壟；
五月裏仙桃你先嘗，六月裏梅子滿墊黃；
七月裏葡萄打起架，八月裏西瓜剜月牙；
九月裏蕎麥或起籠，十月裏雪花到關隴；
十一月柿子滿街紅，臘月裏年貨擺出城；
掙下了銀錢是買賣，掙不下銀錢你回來。

石榴樹樹開紅花，七歲的女兒要出家，
雙爹雙娘留不下，個人嫂子難留她。
隔壁住著王媽媽，媽媽你把娃留尕。
娃呀娃，你坐下，媽媽給你說句家常話：
你大你娘給你尋下的地方也不瞎。
金腳地，銀灶火，冬穿綾襖下穿紗，
二三日裏穿罩衫，冬騎騾子夏騎馬，二三月裏走紅馬。

農村婦女唱的「炕曲兒」是一種民間「集體無意識的承傳」。

民間文學家文為群先生，他從庫淑蘭剪紙與歌謠的聯繫，歌謠內容與民俗特徵諸方面進行了參照對比性的研究。他說，這些「炕曲兒」是以一種民間「集體無意識的承傳」，是舊日貧苦的農村生活被潛移默化，且又厚積薄發的一種表現。而且，是以稚拙古樸的形式、簡單而明快的節奏，長歌當哭、久傳不衰。這類「炕曲兒」在西北稱為「口誇子」，在東北則稱為「老娘兒們呵」，在中原一帶則稱為「窮磨嘰」、「數花枝」。儘管它們的稱謂不同，歌詞的長短有異、轍口參差有別，但是，曲子的內容、腔調大多相近相似，更有不少縈繞於耳，似曾相識。歌詞大意大都委婉地描述著清貧單調的農村生活、以及婚、喪、嫁、娶和人生的不幸。尤其，更多的是女子地位的低下所造成的不能自主的悲涼與淒苦。譬如：

> 貨郎本是商州人，挑著擔子來到咱家門。
> 貨郎貨郎停一停，姑娘要賣時尚貨。
> 又挑粉來又挑花，你爹進屋做什麼？
> 俺爹正屋椅子坐，要和媒人要盤磨。
> 你娘進屋做什麼？俺娘要個花笸籮。
> 你哥進屋幹什麼？他向媒人講價格。
> 十擔穀子十擔麵，十個豬仔十隻鵝。
> 不然妹子不出門，你到別村討老婆。
>
> 十月裏天日照端，丈夫出門難留戀；
> 一口許到三月三，三月初幾不見面。
> 人家燒香為兒女，我們家燒香為哪般？
> 往南看，一場空，往北看，淚漣漣。
>
> 撥個火，點個燈，婆婆給你說故經。
> 羊肉羶氣雞肉頑，豬肉好吃咱沒錢；
> 核桃空空棗兒蟲，丟下柿子沒長成。
> 紅蘿蔔，賣瘋啦！今年生薑騰空啦！
>
> 爬鋪子枕頭仰躺子鞋，把這操心給你送著來。
> 給你送下個光身子沒嫁妝，漆灰饃饃垢甲湯。
> 沒能耐的漢子娶俊女，不吃看起來也挺香。
> 往上一看是草棚，往下一看地不平。
> 轉過身來再看女婿，是個軟不溜丟的龜子熊。

......

　　這類「炕曲兒」在廣大農村婦女的口中多如牛毛，數不勝數。其中的生動、鮮活，帶有草根的辛辣和泥土的清香，為豐富多彩的「炕文化」裝點出一重絢爛悅目的光燦。

炕頭書

　　筆者在前邊講過，農村的冬閒，人們有在炕頭聽書的娛樂，這種說唱形式，人們俗稱之為「炕頭書」。因為說唱時必備的樂器是隻偏平的大鼓，人們也叫它為「大鼓書」。

　　大鼓書分為京韻大鼓、西河大鼓、梅花大鼓、樂亭大鼓、東北大鼓、山東大鼓等十餘個品種，主要流行於中國北方諸省、市的廣大城鎮與鄉村中。它的表演形式是演員一人擊鼓、板，另外配一、倆個人的樂隊伴奏。伴奏樂器有三弦、四胡等。演員自己擊打的書鼓形狀為扁圓形，兩面蒙皮，置於鼓架上，以鼓槌敲擊。手執的板有兩種，一種是兩塊檀木板；一種是兩塊半月形的銅片，叫做「鴛鴦板」。鼓書有中篇、長篇之分。短篇只唱不說，中、長篇則有唱有說。人們往往稱唱短篇為唱大鼓，唱中、長篇故事的則為唱大鼓書。

舊日，說書是盲人的一種謀生手段，田間地頭、庭院炕頭都是他們的演出場所。說唱的內容大都是歷史典故和愛情故事，唱詞通俗易懂，唱腔不拘一格，素有「九腔十八調」之稱。伴奏手段包括手裏彈的三弦或琵琶，道具雖簡單，場面卻熱鬧，醒木一響、三弦撥動、方言開篇，唱詞伴著音樂娓娓道來。

鼓書的演唱形式形成得很早，明代文獻中就有了鼓書的雛型。它的唱腔結構多源於當地的民間音樂及地方小調，並用當地方言語音演唱。因為演出形式簡單，廣場樹蔭、瓜棚豆架之下，支起鼓來就可以開場，為廣大群眾喜聞樂見，所以普及得極為廣泛。鼓書正式形成是在清初順治年間。滿人入主中原後。他們深知漢民不服，除了一手執刀武力鎮壓之外，還採取了開科考試、漢人封官等一系列懷柔政策。此外，官方很注重政治宣傳工作，組織鼓書藝人進行專門的培訓，再把他們派出去四方說唱，用來安撫民心。

鼓書藝人多來自唐山、灤縣一帶，組織藝人培訓的場所是府衙署下的一個文化機構，當時叫做票房。票房裏有專人編寫唱本，內容無非是李自成、張獻忠之流如何惡劣，如何禍害百姓；大清如何順應天命，入關是為了協助剿匪，幫助百姓過好日子等。待這些藝人練熟以後，由府裏開具龍票一張，相當於開了一封介紹信。藝人揣著這張龍票，走到指定的府縣去宣傳演唱。縣衙見到龍票後，會派專人接待，安排食宿供給，還得組織百姓去聽鼓書的演唱。

民間鼓書的說唱，唱者繪聲繪色、全神貫注；聽者嘻笑悲笑、皆入戲中。鼓書藝人的到來，給荒僻的小村莊帶來無窮的歡樂。

凡執有龍票的鼓書藝人都稱為票友，他們每個人都是在府裏或是縣裏領有一份錢糧，也就是說拿著固定工資，為朝廷效力。這種官辦說書的體制，一直延續到道光年間。道光時代朝廷撤銷了官辦票房，鼓書藝人走進了民

間，收徒課徒，在書場廟市、茶樓酒肆，及至出城下鄉、跑碼頭、唱大車
店，以至串莊入村，走進農家炕頭去唱了。清代詩人李虹若在《都門雜詠》中
寫道：

> 彈弦打鼓走街坊，小唱閒書急口章；
>
> 若遇春秋消永晝，勝他蕩落女紅妝。

後來，女子唱鼓書的也已登場。清末詩人汪述祖的《二閘竹枝詞》中有
詩為證：

> 雛鶯乳燕不知名，開口欣然座客迎；
>
> 一曲清歌金一餅，有人念爾亦蒼生。

不過在鄉間唱炕頭書的都是上了歲數的男人，尤其在東北的鄉間，從來
沒有女人拋頭露面，走鄉串戶去賣唱。唱的段子中還保留有成本大套的《鐵
冠圖》，寫李自成起事，張獻忠奪美，崇禎上吊、吳三桂請清兵等故事，保留
著「走龍票」的痕跡。當然，其他的段子也很多，如《大西廂》、《王二姐》、
《花木蘭》、《楊家將》、《包公案》等，成本大套的，一唱就是個月期成。時髦
的段子則有《槍斃駝龍》、《小老媽》、《宋老三》等，故事情節的詭異、跌宕起
伏，都緊緊吸引住人們的視聽。

炕頭戲

炕頭戲，在東北地區而言，指的便是「二人轉」。顧名思義，「二人轉」就
是一旦、一丑兩個人，轉起來就是一臺戲。

> 二姑娘咋不那個梳頭呀哈？沒有那個桂花兒油喲。
>
> 二姑娘咋不那個洗臉呀哈？沒有那個胰子城喲。
>
> 二姑娘咋沒洗脖兒呀哈？沒有那個胰子兒盒喲。
>
> 二姑娘咋不戴花兒呀哈？小女婿兒沒在家喲……

這些一唱一答的對口，在東北農村能起到勾魂攝魄的作用。哪裏「節子」
一響，哪裏就人山人海；那家人要在屋裏唱炕頭，前鄰後舍一湧而至，一準
能把本家的火炕擠塌了。常言說「寧捨一頓飯，不捨二人轉」嘛！

二人轉在東北的出現大約有二、三百年的歷史，藝人師承關係可上溯到
清朝嘉慶末年，曾形成東、西、南、北四個流派。東路以吉林市為重點，舞彩
棒，有武打成分。西路以遼寧黑山縣為重點，受河北蓮花落影響較多，講究
板頭。南路以遼寧營口市為重點，受大秧歌影響較大，歌舞並重。北路以黑

龍江北大荒為重點，受當地民歌影響，唱腔優美。故有「南靠浪，北靠唱，西講板頭，東耍棒」的諺語。

炕頭戲，在東北地區而言，指的便是「二人轉」。二人轉是在東北大秧歌的基礎上，吸取了河北的蓮花落，並增加了舞蹈、身段、走場等演變而成。表演時可大可小，機動靈活。一人唱叫「單出頭」，兩人唱叫「二人轉」，人多了就叫「拉場戲」。

二人轉中像樣的劇目有三百多個。其中影響較大的有《藍橋》、《西廂》、《楊八姐遊春》等雙玩藝兒；有《王二姐思夫》、《紅月娥做夢》、《丁郎尋父》等單出頭；還有《回杯記》、《鋸大缸》、《寒江》、《拉馬》、《二大媽探病》等拉場戲。

「二人轉」專家張野先生說：「二人轉一開始只是農民的一種娛樂方式，是莊稼人幹活歇氣時敲打著棒兒唱的玩藝兒。演出的主要場所是東北的大車店。大車店一般都在交通要道上，每到秋末冬初送糧季節，大車店裏都住滿了送糧食的車夫，車夫們在歇腳睡覺的時候，二人轉就開唱了，大車店的屋子大、炕大，炕頭上能鬧得開，所以就落了個「炕頭戲」的稱呼。」

「炕頭戲」這一稱呼中，還包涵著一種「性」的成份，也就是說「春段」多，「粗口」多，「九腔十八調七十二嗨嗨」中的「下三路」多。二人轉老藝人86歲的楊樹民說：「這也是沒辦法，大車店裏住的都是「放單飛」的老爺們，三句話離不開「肏」，唱二人轉的也都是粗俗的男人，也沒個文化，正經八板的戲文也唱不來。就是唱得來，太溫，也沒人聽。就得唱「上火的大五葷」，

才能掙錢糊口。反正大爺們花錢都是找樂兒，夜宿荒村野嶺，孤館寂寞，圖個啥？唱旦的「大臘花」本來也是個假娘們兒，「裝瘋賣傻的逗饞哏，脫了褲子也不怕人」，這樣琢磨出的段子，還有個什麼藝術，只逗大家一樂，「一宿風流佳話，雞鳴報曉，各自散去」，有什麼見不得人的呢？炕頭，就是「春段」爆熱的土壤，炕頭，也是民間藝人的飯碗。要不，為什麼晚清、民國歷屆政府都明文規定：二人轉不准進城呢。當年張大帥佔據瀋陽的時候，就明令「窯子、煙土、二人轉」一概遷出市區，這才有了三不管的北市場。

舊社會二人轉唱大車店、唱兵營、唱窯子、唱茶館、唱大棚、唱行會、小堂會（壞小子們的聚會），就唱《陞官圖》、《葡萄架》、《潘五姐》、《宋老三》，不唱，人家也不給錢。要是冬天下屯子、進人家、唱炕頭，老少都有、男女雜處，就是本家兒點「春段」，也得長眼，會「拐彎兒」。看一架大臘花和大丑子有沒有口彩，機靈不機靈，就看他會不會拐彎兒。比如唱炕頭上的那點事兒，講究逗中浪、浪中俏、俏中哏、葷中素、素中葷，皮兒薄餡兒大，其中的滋味兒自己品去。譬如二人轉中的「鬥口」：

> 咱倆的鬥口，得讓鄉親們看出有股炕上的勁頭來——
> 老牛打架，要看那股頂勁兒；
> 老公雞鬥氣，看那個叨勁兒；
> 老母豬溜土豆，看那個拱勁兒；
> 老毛驢子踢人，看那個彈勁兒；
> 麻花不吃，看那個撐勁兒；
> 小二姐吃白菜，看那個掰扯勁兒；
> 老更倌打麻繩，看那個搖勁兒；
> 老太太吃蔥葉子，看那個擼扯勁幾；
> 小媳婦洗衣裳，看那個揉搓勁兒；
> 你二哥看你二嫂——小白菜地裏打單棵，看那個賤（間）勁兒！
> ……

您聽聽，說得有正經嘛？再舉個例子，說說旦和丑的對哨：

> 脫了好坯兒搭新炕、新炕上邊鋪新席兒，
> 新席子上邊鋪新褥，新褥子上邊放對新枕芯；
> 新枕芯上邊繡喜字，喜字旁邊繡上喜雀登枝兒；
> 那喜雀登的不是梅花瓣兒，那喜鵲登的是梅花的心兒；

梅花心裏汪著一股水兒，那水兒滋潤著梅花瓣的唇兒。

喜雀有心來喝水兒，大姑娘一把掌打折它的脖子筋兒。

枕頭以下鋪新被，被窩裏邊睡新人；

數一數被窩裏邊有幾條腿兒，幾條腿兒蹦著筋兒。

這一條腿兒，是蘑菇根兒；

兩條腿兒，是蘆花雞兒；

這三條腿兒，煎餅鐺子兒；

四條腿兒，飯桌子兒；

臉對臉兒，是小鏡子兒，

嘴對嘴兒，是煙袋鍋子兒；

腿纏著腿，那是麻花兒，

腿搭著腿，那是髮卡子兒：

腿摞著腿兒，那是小鑷子兒；

腿壓著腿兒，那是老虎鍘子；

腿劈著腿兒，那是剪子；

……

就這麼腿、腿、腿的唱下去，一百多個，葷不葷、素不素地唱了個神魂顛倒，通宵達旦。」

黑龍江省二人轉演員路小波表演的拉場戲《光棍寡婦》。

　　解放了，鄉下二人轉的老段子當「五毒」給掃了。社會主義改造和文化革命「破四舊」時，鄉下會唱二人轉的都當「地、富、反、壞」的殘渣餘孽，整得抬不起頭來。而今，開放搞活了，二人轉也翻身了，出了不少好節目，《包公賠情》、《燕青賣線》，相當不錯，給二人轉爭臉，還起了官名叫吉劇。可是，也有那些呵嗲人的二人轉也冒出來，我說這叫沉滓泛起，七葷八素滾大炕，唱什麼也沒人管了，給東北人現了不少眼！」

鋪炕

　　鋪炕，是農村主婦的活計，老人不幹，男人不幹，孩子們更不幹，而家庭主婦必須幹。鋪炕是農村家庭主婦的專利。

　　天黑了，全家人吃罷了晚飯，老人們喝足了茶，老爺們兒抽足了煙，孩子們也做完了功課，主婦刷完鍋，洗完了碗，掃完了地，灶裏又添了一把火，把炕燒熱。有人一打哈欠，全家人就到了睡覺的時候了。這時候，主婦就把炕桌兒搬到地下，然後拿起炕笤帚掃炕。接著鋪炕就開始了。

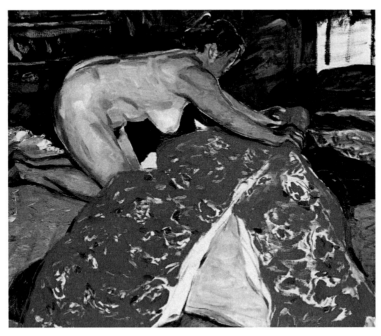

油畫《鋪炕》。（鐵流繪）

　　鋪炕是講學問的，如果全家大小、祖孫三代都擠在一個炕上睡，那麼，鋪炕就先從公婆的熱炕頭處鋪起。先從炕琴上的被垛裏，把公婆的褥子拿下

來，緊貼炕頭鋪好，頭衝外，把被筒上下疊好，反過來鋪平，再把枕頭放在炕沿上。然後幫助老人脫衣服，服侍公婆鑽進被窩躺好。然後，把兒子的被窩緊靠著奶奶，閨女的被窩一邊挨著兒子，另一邊則挨著自己。自家爺們的被窩鋪在炕梢上，一邊貼牆，一邊挨著媳婦。

如果家庭條件好，老人們在另外屋的炕上睡，也是由主婦先把老人的火炕燒好，然後再燒自家炕。為了方便，主婦都是把大一些的兒女安排到爺爺奶奶的炕上去睡。自己則帶著小一點兒的孩子，與丈夫在另一間炕上睡。

被窩兒的鋪放有幾種方式，一般地說，大都是頭衝外。也就是枕頭放在炕沿上，腳則伸向炕窗戶。這樣睡的缺點是下炕起夜不太方便，得先坐起來，轉過身子，雙腳才能下地。但優點是肩膀頭離炕洞子近，比較暖和；另外，臉朝著窗戶，窗戶外的動靜看得真切。舊日沒有鐘錶，全憑「看星望月知昏曉」嘛！

當然，也有頭朝裏睡的。不過，這種睡法並不多，因為半夜炕熱，大人孩子都會把被子蹬踹開，一不留神，被子會掉到地下去。弄不好，炕洞燒了被子，還會釀成火災。一般地說，頭衝裏睡，都是中午歇晌，順勢歪一歪而已。

夫妻一起睡大被筒的，也有許多講究。新結婚的要睡鴛鴦枕，肩並肩地睡在一起，為的是共效魚水之歡。有了孩子後，男人大多從大被分離出去，孩子與母親同睡一個被窩裏，為了奶孩子方便。但也有「恩愛夫妻」同床共被不分離的，那麼，大多是妻子睡中間，丈夫和孩子分攤兩側了。

還有一種睡大被的方式，叫作「睡通腳」，也叫「打通腿兒」，就是在鋪被時，被窩兩邊通開，兩頭各置一枕，二人睡下，相互抱腳而眠。這似乎是古人「抵足而眠」的一種遺風。有人說：抵足而眠只限於同性至交同榻而臥的一種睡覺方式，如《三國演義》第四十五回中周瑜說：「久不與子翼（蔣幹）同榻，今宵抵足而眠。」其實，古代男女同床睡覺也有「抵足而眠」的形式。比如，明代小說《金瓶梅》中，西門慶到情婦家中奸宿，那婦人上炕鋪被時也還有意討好地問道：是「一頭睡，還是兩頭睡？」

在農村，也有把被子橫著鋪在炕上睡的，那都是不帶孩子的小兩口。他們大多共用一床大被，橫鋪豎蓋，怎麼方便怎麼來，也沒有什麼規矩管制。當公婆的也只有睜一隻眼、閉一隻眼，平日是不到他們房裏去。

炕灰

炕灰，也叫炕洞土，說白了，就是火炕的炕坯子。依照鄉間的習俗，睡覺的火炕每隔一兩年就要拆掉，重新再盤新炕的。拆下來的舊炕坯不亂丟，把它敲碎了以後再堆漚起來，經過一個冬天的發散，第二年就可以用它來上地了。在農村，這種炕灰是一種優質高效的農家肥。

農民把拆火炕拆下來的舊炕坯子敲碎，用來堆漚肥料。

老知青關東妙先生曾著文，談到他對於炕灰的認識。他說：

記得我們下鄉後的第一個伏天，我們也依著「頭伏蘿蔔二伏菜」的農諺，在青年點的自留地裏，也種了一些蘿蔔。可是到了秋天收穫的時候，卻發現我們知青種的蘿蔔幾乎個個都有地蛆。而相鄰村民地裏，所種的蘿蔔卻沒有地蛆。這是什麼原因呢？我問了一位老農。他告訴我，這是因為人家地裏上的是炕洞土。啊，我明白了。這炕洞土，是因為這火炕經過一段歲月的煙燻火烤後，上面掛滿了煙灰。就好像蛇怕煙袋油漬兒一樣，這地蛆和其他害蟲也怕煙灰呀。

來年開春後，我們也把青年點的炕扒了，又盤了一鋪新炕，當然是找這方面的明白人幫忙了。這扒下來的火炕，也就是用過的，經過煙薰火烤的土坯，運到院門口的一側的漚肥坑裏。這一年，我們自留地裏上的肥，就是有炕洞土漚出來的。果然，別說種蘿蔔沒有地蛆，其他蔬菜也少有病蟲害。白菜、蘿蔔、土豆等也獲得了大

豐收。我們就在院裏子，挖了一個全村裏最大的菜窖。同時，也垛起一個全村最高的柴禾垛。

當時也有這樣的嗑兒，叫做「種地不上糞，等於瞎胡混」，還有「莊稼一朵花，全靠肥當家」。當然，更是受這個炕洞土的啟發，第二年我在生產隊裏，制訂了許多關於積肥方面的措施。

炕孵

今年，《東亞經貿新聞》以《撿了十個野鴨蛋火炕上「摸」出八隻小野鴨》為題，報導吉林舒蘭市溪河鎮下窪子村的農民郭先生的一個故事。

一天早晨，他到自己家的水田地裏清理雜草。發現地邊草叢裏有一個草窩，裏面有十個野鴨蛋，周圍也沒有其大野鴨的蹤影。郭先生猜想大野鴨可能是出去找食了，可直到中午割完了草也沒見大野鴨回來。他怕走後有其他的動物吃了野鴨蛋，就把這十個野鴨蛋拿回了家。

回家後，將野鴨蛋交給了妻子吳女士。「咱們把它們孵出來吧。」吳女士一邊說一邊上了炕，以前，她和母親一起用農村的土辦法「摸」過小雞和小鴨。吳女士上炕拿出了一個小被，把野鴨蛋蓋上放到了炕頭，開始孵蛋。此後，她每天都打開小被摸一摸，看看孵化的情況。十多天後，吳女士聽到蛋殼裏發出了吱吱的叫聲。為了看看有多少個蛋能孵出小鴨，她把十個蛋放到了一個裝滿溫水的盆裏，結果有八隻蛋漂在了水面上，並且不停地動，有兩個蛋沉到了水底。

「有八個蛋能孵出小鴨。」吳女士心想。隨後，她又把鴨蛋放到了炕頭上，更加精心地照顧這些即將出生的小生命了。快要孵出小鴨時，這些蛋非常熱，她一天要看五六遍，生怕出現什麼意外。第二天的夜裏，吳女士被一陣叫聲吵醒。她起來一看，一隻小野鴨已經出了殼，正在不停地叫。看到孵出了小野鴨，吳女士一下子來了精神，她急忙叫醒了丈夫，又找了一個紙殼箱，把剛出生的小野鴨放到了裏面，又給它餵了點水。隨後，不停有小野鴨出生，到了天亮，八隻小野鴨全都出了殼。吳女士說，她打算繼續餵養這些小野鴨，等它們能獨立找食後，她就將這些野鴨放歸大自然。」

這篇報導，詳述了農家利用自家的火炕炕熱，調節溫度、濕度來孵化家禽的方法，這種方法叫炕孵。舊日的農村裏，炕孵是一種很重要的副業手段，小雞、小鴨的孵育，很多都是由老奶奶們在自家的火炕上完成的，因為中間

要多次反覆地助以手摸、翻動，所以也叫「炕摸兒」了。

炕孵之前，先要選蛋。老奶奶把要孵化的雞蛋、鴨蛋，一一個舉起來，對著太陽仔細的分辨，查看蛋黃的成色，是否是受精卵。揀好後，要用水沾一下，然後放在笸籮裏，放在溫暖的炕頭上，再捂上一個小棉被。晚上睡覺時，要把小笸籮移向炕稍，避免燒炕時溫度過高。要讓笸籮裏的溫度恆穩，比人自己的體溫稍高一些即可。白日裏要不斷翻開小被，用手反覆翻動這些蛋，要讓它有血脈氣兒，如同老母雞孵蛋經常移動身體，用翅膀來回滾動翼下的蛋是一樣的道理。如是，精心地護理上十多天，小雞、小鴨便破殼而出，金色陽光照在這些小生命光潔的羽毛上，閃出黃色的金光，炕上的老奶奶、小孫子笑成了一團。於是，「雞生蛋、蛋生雞」，童話般的美夢給原本寂寞的生活，又增添了多少幸福的遐想。

沒孵出來的蛋叫做毛蛋，人們把它用火焙熟了，也是個下酒的酒菜。

落炕

落炕，是北方地區的方言，讀音為 làokàng，在農村被廣泛地使用。專指得了重病的人，不能自理，性命危淺，已經臥炕不起了，叫落炕。

起炕一詞，則是與落炕相反。得了病的人經過醫治護理，身體痊癒，並且起身下炕好了起來，則稱為起炕。

賣大炕

賣大炕在《詞源》《詞海》中全沒有這個詞兒。新編《漢典》中到有這個詞兒，它的解釋為：賣淫。

過去，此詞在東北較為流行。滿族民居最大特點就是屋子裏面的炕特別顯著，通常有兩鋪炕，一南一北互相對應，以大著稱。東北人把妓女賣淫稱為賣大炕，就是因為用來賣淫的炕很大。

舊社會，「賣大炕」也是一行正經生意，「賣大炕」的人家多半是有經濟需要或經濟貪圖，並不像《林海雪原》裏的蝴蝶迷說的：「貴小姐開窯子，圖的不是錢財，圖的是痛快。」「賣大炕」的家庭不是人口眾多、缺衣少食；便是好吃懶做、希圖外快。尤其是從前的小鎮和縣城，自家有一個大院，開個不掛幌子的大車店，天天接待往來的農民。農民大都是趕著馬車經過，必須有院子停車拴馬。大炕當然更是必要的，即使不「賣大炕」，主人也要提供吃住。

清代楊柳青年畫《二姐逛街》是一張很有趣的市井風俗畫，一位
打扮入時的「漂亮姐兒」在女伴的陪同下，叼著煙袋鍋兒在街上
閒逛。市井閒人、小販望著生癡發楞，表面恭維，背後就罵上一
句「賣大炕」的。

在人口稀疏的村屯，「賣大炕」人家，有的是今天接一個，明天接另外一
個，「賣大炕」的生意並不火爆，但是每天都有開張。每次掙到塊八角錢也很
不容易，多半還都是「以物易之」，一塊兒豬肉，一隻小雞兒，半袋子糧食，
或者一張狗皮而已。

炕頭王

炕頭王是北方農村的一句帶有褒貶性的土語，指一種人在家裏的時候說
五道六，喳喳唬唬，能耐可大了，但出門，場合稍微大一點兒就傻眼，一句話
也沒了。例如：大人說孩子，老婆說漢子：「你在外頭怎麼不說呢？你真是個
「炕頭王」，只能在家裏白話。河北一帶有句土語「夾嘎啦」，與「炕頭王」是
一個意思。

在東北的大山裏，男人們大多在外面伐木，種地，炕只是他們回家吃飯
睡覺的地方，充其量，炕只是男人的一部分。而女人在家洗衣做飯，整天與
炕打交道，所以炕是她們的全部，山裏人管女人都叫「炕頭王」。

還有的地方管自己的老婆叫「炕頭王」，那內容就更豐富一些。是說平時
在外邊，很少能聽到她說啥，嘴特別「拙」。可是，一回家裏就判若兩人，整
天發號施令「那衣服、襪子都穿了兩天了還不換哪！剛換完的炕單子，就弄
得這麼髒！」申五斥六，儼然像位「山大王」。在家對男人撒村放刁的女人俗

稱「炕頭王」。男人軟弱、沒能耐，女人在家裏稱王稱霸，動不動還家暴男人。儼然「河東獅子吼，家裏炕頭王。」

在家對男人撒村放习的女人俗稱「炕頭王」。（清代楊柳青年畫）

專門在家中拿班作科，動不動就打罵老婆的男人亦稱《炕頭王》。（清代楊柳青年畫）

在河南一帶，女人們將自己蠻橫不講理的丈夫叫做「炕頭王」。別看這些鄉下漢子沒什麼能耐，可在家裏稱王稱霸，說一不二，打起自己的老婆來又兇又狠，用掃帚疙瘩、擀麵杖、鞋底子，抄起什麼用什麼，比山大王都利害。他們的口頭禪是：「娶來的媳婦賣來的馬，任我騎來任我打」，「三天不打，上房揭瓦」，這種家庭暴力的陋習，有的地方依然存在。

尿炕精

尿炕精，是農村人對自家愛尿炕的小孩的一種謔稱。小孩子在襁褓階段屙屎撒尿無禁，那時他還處在「朦懂」時期，無以為怪。一般長到能張口叫媽媽的時候，屙屎撒尿便有了節制，在大人的馴練和教育下，孩子要屙屎撒尿就會有種種反映，來提示大人給予幫助。到了自己能「扶床」行走的時候，聰明的孩子就能找到可以「方便」的地方自己去解決了。當然，農村家的娃娃不一定能受到幼兒園一樣的馴練，但稍長之後，也就不讓大人在這方面過於操心了。

但是，好玩是孩子們的天性，每天不折騰到筋疲力盡不上炕睡覺。加之火炕溫暖乾熱，孩子睡覺醒不了，就會尿炕。尤其是冬天，炕熱、被窩熱，孩

子們戀炕，不出被窩，有了尿，先忍著，忍不著了，尿道擴約肌一鬆弛，就尿了出來。熱騰騰的大炕，馬上洪水泛濫成了水晶宮，不管炕上老的、小的，一概「水淹七軍」。使屋內原本污濁的空氣，頓時充滿了尿騷味，隨著火炕的熱氣，蒸騰到各個角落。大人們忙不迭地整理炕上的被褥，一面連聲地罵道：「尿炕精，尿炕精。」

一群穿開襠褲的小「尿坑精」在一起忘情地玩耍。

　　四、五歲的娃子尿炕尚有可原，有的到了七、八歲，十多歲猶自尿炕不止，那就真成了「尿炕精」。

　　在醫學上，大夫稱尿炕為遺尿，在鄉間，人們並不把遺尿看成病，只是說「炕燒得太熱，把壺嘴子燒裂了。等娶了媳婦，自然就好了。」

　　在陝北地區，小子們都有夜裏尿炕的歷史，人們並不以此為難堪，反而編成「酸曲兒」，做為傳統保留節目一直唱到現在。歌詞唱道：

　　　　豌豆開花麥穗穗長，奴媽媽賣奴不商量，

　　　　一賣賣在高山窪，深溝裏擔水淚汪汪。

　　　　下坡磨了奴家鞋尖尖，上坡磨了奴家鞋邊邊。

　　　　柳木櫃子鐵打鉤，下坡上坡磨了羅圈圈。

　　　　水擔兒放在半坡上。手指著媒人罵一場。

　　　　只說女婿趕奴強，又禿又瞎又尿炕。

頭一道尿在奴紅鞋上，二一道尿在奴紅綾被。

三一道和奴通腳睡，尿在奴家脖頸上。

尿在脖頸奴生了氣，脫下繡鞋打女婿。

前炕斷到後炕上，雙膝蓋跪在當炕裏。

雙膝蓋跪在當炕裏，先叫姐姐後叫娘。

不是你姐來不是你娘，奴家打你是為尿炕。

從今而後改了行，冤家的夫妻要長久，

你的尿炕不改行，乾吃撈飯不喝湯。

驕炕

驕炕一詞，本身與火炕無關，它形容人的性情橫暴躁烈。語出於《新唐書‧五行志二》，謂：「火者盛陽，陽氣彊悍，故聖人制禮以節之。禮失則僭而驕炕，以導盛陽，火盛則金衰，故亦旱。」詞意與「驕伉」二字相似。

驕伉，形容人的放縱倨傲。《穀梁傳‧桓公十八年》中有「濼之會不言及夫人何也，以夫人之伉，弗稱數也」。晉范甯注釋：「濼之會，夫人驕伉，不可言及，故捨而弗數。」另外，它也形容人的地位高貴。唐柳宗元在《故秘書郎姜君墓誌》中寫道：「不矗矗於進取，不施施於驕伉。左絃右壺；樂以自放。」

不過，驕炕與驕伉二詞，近代人已很少應用。

爊炕

爊炕，讀音為 āo kàng。是燒烤的意思。宋周密《武林舊事‧作坊》中有「爊炕鵝鴨，爊炕豬羊」等語。大概因為「爊」字難寫，近代也很少應用。

炕陽

炕陽二字，詞意為乾涸、枯涸的意思，形容陽氣極盛。一般用來比喻統治者性情殘暴專橫。語出漢劉歆《洪範五行傳‧八月大雩》：「居喪不哀，炕陽失眾。」《漢書‧五行志中之上》也有：「君炕陽而暴虐，臣畏刑而柑口」之說。顏師古注云：「凡言炕陽者，枯涸之意，謂無惠澤於下也。」

另外，炕陽還有一層意思，形容一些人的張皇自大。《漢書‧五行志中之上》有句云：「是夏郯子來朝，襄有炕陽自大之應。」因為此詞比較生僻，今人也很少使用。

八、今日的北方火炕

　　前面談的都是一些關於北方火炕的舊話，雖說它是我們老祖宗的一大發明，但千百年來在封建農耕經濟的束縛下，貧窮、落後使得火炕結構和使用方式並沒有發生多大的變化。這種現象在北方農村一直持續到二十世紀末葉。

　　分析起來，北方火炕自身存在很多缺點：浪費資源，不環保，燒炕時產生的污染物，對人和環境都有很大影響；另外，由於人工操作，供熱的勞動強度大，溫度控制不易把握。且因為火炕與灶臺相連，灶臺不科學，火炕就不好燒。

　　傳統的灶臺通風不合理，沒有落灰炕，只靠添柴口通風，燃料不能充分燃燒。其次，添柴口大、灶膛大、進煙口大，使灶內火焰不集中，灶膛溫度低，一部分熱量從灶門和進煙口白白的跑掉。而且，灶臺無爐箅、無爐門、無擋火圈，無灶眼插板，由此造成灶內不保溫，火炕涼的也快。同時，舊式火炕內牆無保溫層，炕面不平不嚴，炕頭分煙阻力大，使得火炕炕溫不均，炕頭與炕梢的溫差過大。所以說，舊式灶炕費柴、費煤、費工、費時，很不科學。

　　有鑑於此，新中國建立之後，許多專家關注北方農村土炕的改造工作。但是，由於農村的政治運動接連不斷，此起彼伏，使得這項工作成效甚微。個別試點，在老炕的基礎上改造一些「節能灶」、「節能炕」，但推廣起來也是困難重重。

　　文化大革命之後，在開放搞活的政策指導下，農村經濟生活發生了翻天覆地的變化，舊式炕灶、火炕，得到科學的改進。一種新式的「吊炕」，徹底地改變了傳統火炕面貌。

這種新型的「吊炕」都是懸空疊砌，中間過煙，上下兩邊同時散熱，可以充分利用熱能。灶口都置於屋外，這樣，燃材不僅可以充分燃燒，而且還保持了室內環境衛生。

　　什麼叫「吊炕」？聽起來很新鮮，實地看一下，它與傳統的農家土炕截然不同。進得屋來，冷眼一看，它跟城里人用的「席夢思」幾乎一樣，乾乾淨淨、利利落落。往下著眼，這炕好像是懸在空中一樣。一鋪五、六平方米大小的「吊炕」，下邊由十來根一尺來高的水泥柱子支撐，炕體完全懸在半空；炕沿外還貼著漂亮的瓷磚，透著乾淨、時尚。農民都說：「以前自家抹的土炕，土氣十足，又髒又醜又不好燒。現在這鋪炕多輕巧，用水泥打造，下邊懸空，

上下兩面都能散熱。而且熱得均勻、舒坦。不像從前，炕頭賊熱，炕尾冰涼。你看，這是我昨晚上燒的一把柴禾，可以一直熱到現在。」

這種「吊炕」，學名叫「北方高效預製組裝架空炕連灶」，是近年來中科院農研部門的一大發明，被列為國家重點推廣項目。目前，隨著解決農民冬季取暖的「溫暖工程」推動，北方廣大農村多數農家都安裝了這種節能的「吊炕」。

北京昌平區農業服務中心主任李福德說：這種「吊炕」，是一種新興的可再生能源應用技術。科學修砌，可以充分燃燒農業廢棄物，炕灶綜合熱效率比過去提高了一倍以上，室內溫度也提高了四、五度。測試結果表明，每鋪炕全年可節約 1382 公斤秸稈或 1210 公斤柴禾，相當於節約 691 公斤標準煤，節省和保護一畝山林和植被。而且，搭一鋪「吊炕」花錢不多，減去國家給的補貼，搭一鋪「吊炕」才花五十元錢。鰥寡孤獨戶、「低保」戶、軍烈屬戶和殘疾人家庭，一分錢也不用掏。他說，預計這兩年京郊將將有二十幾萬農戶可以在「吊炕」的陪伴下，過一個舒適的暖冬。

除了「吊炕」之外，農民採用可利用的廉價材質，發明了多種新式的炕，譬如「簡易節能炕」、「連灶水暖炕」、「火爐水暖炕」等，這些炕是用舊鐵管盤在炕下，由爐火加熱鐵管中的水，形成自然循環散熱系統，好像一個小「土暖氣」一樣，可以產生良好的取暖效果。

這是一種水暖式的炕，發明者把炕掀開，向參觀者展示內部結構。

　　筆者經常和朋友們一起到郊外旅遊，住住農家院，吃頓農村飯，睡睡農家炕，避開城市中的喧囂，確實是件愜意的事！而今農村的變化，著實讓人耳目一新。

　　去年深秋，我們結伴來到北京遠郊密雲白龍峽白杖子村。大家走在鄉間的小路，呼吸著鄉村特有的清閒空氣，觀賞著一望無際的鄉土風光，頓覺心曠神怡、渾身輕鬆。小河裏戲水的鴨、鵝，柴草垛邊刨食的小雞，村民院中的豆腐坊、轆轤井，都成了充滿詩情畫意，引人駐足賞玩。

今日的農村民居大多煥然一新，院子裏寬敞豁亮，屋子裏杌淨窗明，農民們在自己的家中辦起了「炕頭賓館」，引得城市遊人趨之若鶩。

　　晚間，人們圍坐在農家的炕上。這盤炕有半間屋大，上邊鋪著有一丈多長的藍印花布炕單，炕沿以下貼著光滑的磁磚，下半節懸空，緊貼著南窗。說它是床，可比床大；說它是炕，可見不到炕灶和炕洞子。主人說，這是新砌的「吊炕」，「盤上腿兒，往裏坐，開飯了。」接著男女主人穿梭般地端上一碗碗熱氣騰騰的菜肴，有燉豬肉、雞蛋湯、炒韭菜、熬豆腐，還有貼餅子、窩窩頭，黏糊糊的小米粥，農家的家常飯，香味撲鼻而來，令人大快朵頤。屋裏邊歡聲笑語，窗戶外邊雞鳴、犬吠、豬哼哼。在這種並不和諧的交響樂聲中，轉眼之間，飯桌上肴核既盡，院牆外邊，月上柳梢。主人家在屋外的灶膛內添了一把柴禾，不一會兒，臀下的熱炕就熱了起來，熱得人脫衣裳、伸懶腰、打呵斥，完全忘卻了窗外秋夜的瑟瑟涼風。

　　是夜，睡在這暖融融的吊炕上，使人想起了青年詩人木耳描寫《炕》的一首新作：

　　　　這是再普通不過的房子，
　　　　這是再普通不過的暖炕，
　　　　但是，那種溫馨，那種讓人心軟的柔和月光，

那種叫我久久呆在裏面不肯出來的氣味，
一下子浸透我的全身。
我酥了。我舒暢了。
我通體歡快地呼吸。我融化了。
這就是生活。
暖炕，粗布的被面，小桌子，
我，還有我愛的人，
面對面，盤腿而坐，
頭齊著頭，並排而臥；
外面，暖暖的光透過薄薄的窗戶紙映像進來，
照著我們的臉，照著我們的生活；
……

九、編　後

　　詩人秦仰賢在他的詩集《與時間無關》中，有一首《土炕的情歌》，他以無比的熱情謳歌著農村的土炕，他寫道：

> 土炕的偉大之處
>
> 在於內心能生然起火來……
>
> 打碎了的和燒化了的
>
> 在三月的風裏歡樂飄揚
>
> 貧瘠的土地因此受孕
>
> 拔節聲聲
>
> 以各自的姿態長出糧食
>
> 從不刷牙的口
>
> 是一種豁樂而笑的姿勢
>
> 黑洞洞絕不挑食
>
> 大口吞咽著那些殘渣枯枝
>
> 冬季的風
>
> 也因之溫暖起來
>
> 漏雨的茅屋
>
> 因之傳種接代
>
> 春天愛情的故事……

　　這首詩，給那些曾經睡過土炕的人們帶來諸多內容的回憶。

　　筆者今年七十七歲，雖然旅居國外近二十年之久，但對中國民間土炕依然有著深厚的眷戀之情。在文化大革命之後的 1986 年，從工廠調到國家體改

委屬下的《中國農村經營報》工作，曾在何維凌先生的指導下，以記者的身份深入農村，開展調查工作，東北、山東、冀中、內蒙一帶是我常跑的地方。在與廣大農民、村幹部、文化館員的接觸中，寫下了很多採訪文字，其中關於「土炕」的材料也十分豐富。

另一位作者尚爾立先生是一位畫家，近十餘年來，專心於西北風光的寫生，他的愛人馬庭蘇女士是位資深的教育家，二人跑山陝、寧夏、新疆一線農村、吃粗糧、睡土炕，樂此不疲，幾乎每年一趟，亦積得文字、圖畫無數。我們合作此書，可謂珠連璧合，給中國「炕文化」研究別開先河。

民間的土炕世代撫育了北方千千萬萬華夏子民，其業灼灼、其功不朽，這使我想起了延安鄉土詩人谷溪的一首詩──《小土炕》，用它來做編後語到也恰當：

> 他曾無數迴向別人，炫耀這小土炕的光榮，
> 彷彿這土炕上的泥土跟金子一樣！
> 呵，小土炕，小土炕！
> 有人，曾將它比做歷史的車船，
> 有人，曾把它譽為革命的搖籃和溫床……
> 不同的人，曾發表過一個共同的宣言：
> 誰也不要把這土炕遺忘！

參考文獻

1. 陸元鼎，《中國民居建築》，華南理工大學出版社，2003 年。
2. 王軍雲，《中國民居與民俗》，中國華僑出版社，2007 年。
3. 李振盛，《民俗中國》，嶺南美術出版社，2003 年。
4. 遲秀才，《老鄉話東北》，吉林人民出版社，2007 年。
5. 黃永松，《北方農家土炕》，臺灣漢聲雜誌社，1998 年。
6. 馬秋芬著，《到東北看二人轉》，湖北美術出版社出版，2003 年。